논어

EBS 오늘 읽는 클래식

논어
사람다움이란 무엇인가

한국철학사상연구회 기획 | 구태환 지음

서문

　『논어』가 고전이라는 것은 다 아는 사실이며, 그래서인지 많은 이들이 한 번쯤은 읽어야 한다고 생각한다. 나의 경우에 『논어』를 언제 처음으로 접했는지는 기억나지 않지만, 본격적으로 읽기 시작한 것은 신하령 선생님의 지도로 『논어집주』를 강독했던 대학생 때이다. 그 이후에 후배들과의 강독 세미나를 통해서, 그리고 강의나 원고 준비를 위해서 여러 차례 읽어왔다. 물론 처음부터 끝까지 읽은 적은 거의 없고, 필요한 부분을 찾아서 읽는 정도였다. 이처럼 여러 차례 『논어』를 읽는 과정에서 나는 재미있는 경험을 하게 되었다. 읽을 때마다 내 눈을 사로잡는 구절이 달라지는 것이다. "고전은 읽을 때마다 새롭다"라는 말을 실감하게 된 것이다.

생각해보면, 『논어』라는 책이 내가 읽을 때마다 바뀌었을 리는 만무하고, 실제로 변한 것은 그 책을 읽는 나다. 내 나이, 지식, 사회를 바라보는 시선, 나를 둘러싼 사회와 그 사회에서의 내 위치가 변화했고, 그에 따라 책이 내게 말해주는 바도 변화했다. 이처럼 『논어』를 읽는다는 것은 내 시선이 책에 꽂힘과 동시에 책 속의 구절이 내 마음에 꽂히는 양방향 소통을 의미한다. 마치 내가 거울을 봄과 동시에 거울이 내 모습을 비추는 것처럼 말이다. 『논어』를 비롯한 고전은 이처럼 나와 사회를 돌이켜[反] 성찰하는[省] 계기를 제공하는 거울이라고 할 수 있다.

그런데 우리 현실은 고전을 통해 반성하는 것을 쉽게 용납하지 않는다. 새로운 정보가 범람하는 현실에서 하나의 책을 두고두고 읽는 행위는 비효율적이라는 비판을 피할 수 없다. 더구나 그 책이 까마득한 과거 사람의 언행을 기록해놓은 것이라면 더 말할 필요도 없다. 하지만 급변하는 현실 속에서 그와 아울러 변해가는 자신과 사회를 반성하는 거울로서 『논어』를 곁에 두고서 가끔 들춰보는 것도 좋을 듯하다. 마치 거울로 내 외양을 가끔 비춰보는 것처럼 말이다.

그렇다면 『논어』는 어떤 거울일까? 우리와 우리 사회의 무엇을 비춰줄까? 그것은 좀 추상적인 답변이지만 '인간다움'이 아닐까 한다. 『논어』는 내가 인간답게 살고 있는가, 그리고 우리 사회가 모든 구성원의 인간다운 삶을 보장하는 방향으로 운영되고 있는가를 되돌아보게 한다. 이 책에서는 이처럼 반성하는 사람으로 '군자(君子)'를 내세워, 『논어』라는 책의 요지가 '군자' 양성에 있다고 보았다. 이는 공자와 『논어』를 보는 내 시선을 적용한 것으로서, 얼마든지 다른 시선으로 공자와 『논어』에 접근할 수 있다는 점을 독자들께 말씀드린다.

마지막으로, 이 책이 나오는 데 도움을 주신 모든 분들께 감사드린다.

2023년 입추가 지난 무더운 날에

구태환

차례

3장 **철학의 이정표**

일러두기

이 책에 수록한 『논어』를 비롯한 동양 고전의 인용문은 모두 저자가 직접 번역했다.

1장

유가의 창시자, 공자

도덕적 지배층이 이끄는 도덕적인 사회

누가 세상을 이끌어야 하는가?

유학(儒學)은 2500여 년 전 공자(孔子, 기원전 551~479)에 의해
창시되어 동양 사회에 커다란 영향을 끼쳤으며, 한반도에는 삼
국시대에 전해진 이후에 오랫동안 지배 이념으로서의 역할을
했다. 특히 한반도의 마지막 왕조인 조선 500년은 유학의 분
파인 성리학의 나라였다고 할 정도로 그 영향력이 절대적이었
다. 따라서 유학과 그것을 창시한 공자, 그리고 그의 언행이 기

록된 『논어』에 대한 이해는 과거의 동양 사회와 한반도에 대한 이해를 위한 필요조건이라 할 수 있다.

그렇다면 유학은 과연 무엇을 지향했을까? 그것은 도덕적인 사회이다. 이 글의 독자가 '유학', '유가', '유교'라는 단어를 듣고 '도덕성'을 떠올린다면, 그것을 제대로 이해했다고 자부해도 좋다. 모든 인간이 도덕으로 무장된 도덕적 사회. 이것이 공자와 그의 후예인 유학자들이 지향하는 바이다.

그렇다면 도덕적인 사회를 어떻게 이룩할 것인가? 답은 간단하다. 도덕적인 사회 운영, 즉 도덕 정치를 통해서 가능하다. 그러면 이러한 정치는 누가 할 것인가? 바로 지배층인 '군자(君子)'이다. 동아시아에서 신분제는 오랫동안 유지되었다. 공자 당시의 중국만이 아니라 한반도의 조선에서도 신분제는 바뀌지 않는 공고한 체제로서 기능했다. 조선의 경우 신분은 크게 사대부 양반과 상민으로 구분되어 있었고, 전자와 후자의 역할역시 구분되어 있었다. 사대부 양반은 사회를 책임지고 이끌어가는 지배층을 형성했고, 상민은 그러한 지배층에 이끌려 살아가는 피지배층을 형성했다. 신분의 변동은 사실상 불가능에 가까웠는데, 이러한 신분의 구분과 그에 따르는 역할의 불변성에 대한 유학에서의 시선을 잘 보여주는 것이 맹자의 언급이다. "어떤 이는 정신노동을 하고 어떤 이는 육체노동을 한다. 정신

노동을 하는 이는 다른 사람을 다스리고 육체노동을 하는 이는 다른 사람에게 다스려지며, 다른 사람에게 다스려지는 이는 다른 사람을 먹이고 다른 사람을 다스리는 이는 다른 사람이 먹여준다. 이것이 천하에 두루 통하는 정의이다(或勞心, 或勞力, 勞心者治人, 勞力者治於人, 治於人者食人, 治人者食於人, 天下之通義也. ─『맹자』「등문공」상)." 맹자의 말처럼 정신노동을 하는 지배층과 육체노동을 하는 피지배층의 역할 구분은 '천하에 두루 통하는 정의'로 취급될 정도로 확고한 것이었다.

따라서 한 사회의 도덕성 여부는 그 사회를 다스리는 지배층의 도덕성 여부에 달려 있었다. "지배층은 바람과 같고 피지배층은 풀과 같아서 풀 위에 바람이 불면 풀은 반드시 그 바람의 방향에 따라 눕는다(君子之德風, 小人之德草. 草上之風, 必偃. ─「안연」)"라는 공자의 말처럼, 지배층과 지배층이 시행하는 정책이 도덕적인가 아닌가는 피지배층의 도덕적 교화 여부를 결정한다. 하지만 공자가 직면한 당시 현실에서 지배층은 도덕적이지 못했다. 즉 지배층답지 못했다. 지배층[君子]은 옳음에 관심을 가져야 하며, 자신이나 가족의 이익을 따지는 것은 피지배층[小人]이나 보이는 행태인데(君子喩於義, 小人喩於利 ─「이인」), 당시 지배층은 피지배층처럼 행동하고 있었다. 따라서 공자는 당시 지배층의 지배층답지 못함을 질타하며, 진정한 지배층이 어떠해야 하는가를 강조한다. 도덕적 사회를 추구하는 공자에게 지배층의 도덕성은 매우 중요한 것이었다.

그렇다고 해서 공자가 현실에서의 지배층에게만 관심을 가진 것은 아니었다. 그는 지배층에 속할 수 있는 신분이지만 현실에서 정치권력을 갖지 못한 이들을 지배층다운 덕목으로 무장시키는 작업도 시행했다. 그의 제자들은 주로 후자에 속했는데, 그들을 도덕적으로 무장시키는 작업이 바로 교육이다. 따라서 공자나 유학의 특성으로서 '교육'을 꼽기도 한다. 공자를 표현하는 말 가운데 하나가 만세사표(萬世師表), 즉 '영원토록 변치 않는 스승으로서의 모범'인 것에서 알 수 있듯이, 그는 교육에 심혈을 기울였던 사람이다.

그렇다면 한 걸음 더 나아가 '누구'에게 '무엇'을 교육할 것인가를 묻는다면, 어떤 답변이 나올까? 무엇을 교육할 것인가에 대해서는 나중에 더 자세히 알아보기로 하고, 우선은 누구를 교육할 것인가에 대해서만 답하자면, 지배층 또는 지배층이 되어 사회를 운영하고자 하는 사람이다. 물론 도덕적 사회를 지향하기 때문에 사회 성원 모두를 교육해야 한다고 해서 답변이 틀렸다고 할 수는 없다. 하지만 모든 사람을 한꺼번에 교육하는 것이 불가능한 당시 상황에서 공자는 먼저 지배층을 교육하고자 한다.

곡부(曲阜) 대성전(大成殿)의 '만세사표' 편액.

요컨대, 공자가 창시한 유학에서는 도덕적 사회를 지향하고, 그러한 도덕적 사회를 달성하기 위해서는 지배층의 도덕적 각성과 무장이 필요하다. 그리고 그러한 지배층의 도덕적 무장을 추구하는 것이 공자의 교육 내용이라 할 수 있다. 따라서 유학은 지배층을 위한 학문이라고 할 수 있다. 즉 사회를 이끄는 지배층의 도덕성 제고를 위한 학문이라고 할 것이다.

그렇다면 현재 지배층이 아니고, 정치에도 뜻이 없는 내가

공자와 그의 사상을 알아야 할 이유가 무엇인가를 질문할 수
도 있을 것이다. 이에 대한 대답은 '주인으로서 『논어』 보기'
절에서 제시하겠다.

춘추시대와 공자

우리가 살펴볼 『논어』라는 책이 공자의 사상을 담고 있음은 모두가 아는 사실이다. 따라서 『논어』를 이해하기 위해서는 우선 공자가 어떤 인물이고 그의 시대가 어떠했으며, 그가 무엇을 고민하고 실현하고자 했는지를 알아볼 필요가 있다.

주나라의 종법제도와 춘추시대

공자가 활동하던 중국은 주(周)나라의 체제가 제대로 작동하지 않는 '춘추시대(春秋時代, 기원전 770~403)'라는 혼란기를 겪고 있었다. 주 왕조는 무왕(武王)이 은(殷) 왕조를 무너뜨리고 종주(宗周, 현재의 시안(西安) 서쪽)를 도읍으로 하여 등장한다. 그런데 무왕이 이른 나이에 죽고, 왕위를 계승한 아들 성왕(成王)은 너무 어려서 국정을 감당할 수가 없었다. 따라서 성왕을 대신해서 주나라의 국정을 책임진 이가 무왕의 아우이자 성왕의 삼촌인 주공(周公) 단(旦)이다. 주공은 개국 초기의 주나라의 체제를 수립하는데, 그 요체가 바로 '봉건(封建)' 혹은 '종법(宗法)'으로 알려진 제도이다. 이 제도는 주공이 만들어낸 제도라고 해왔지만, 최근의 역사 연구에 따르면 은 왕조에서도 이미 시행하던 제도를 주공이 받아들인 것이다.

종법 제도는 일종의 위임통치 형태를 띤다. 주 왕조가 지배하던 당시의 중국은 지금보다 훨씬 작은 영토를 차지하고 있었지만, 지금처럼 교통·통신 수단이 발전하지 못했기 때문에 중앙에 있는 왕이 모든 지역을 직접 통치할 수 없었다. 이러한 한계를 극복하기 위해서 영토를 분할하여 중앙은 왕이 직접 통치했고, 그 지역을 왕의 직할지라는 의미의 '왕기(王畿)' 지역이라고 했다. 지금의 '경기도(京畿道)'라는 지명에서의 '기'도 원래는 조선 왕의 직할지라는 의미이다. 이러한 왕기 지역을 제외한 곳은 왕과 혈연 관계에 있는 사람이나 주 왕조 수립에 공이 있는 왕의 측근들을 봉(封)했는데, 이렇게 봉해진 이가 '제후(諸侯)'였다. 이들 제후는 자신이 봉해진 영토에서 군주의 역할을 했으며, 따라서 그 영토를 '제후국(諸侯國)'이라고 칭한다. 그리고 각 제후국은 독립된 국가의 성격을 띠지만 주나라 왕의 영향권에서 벗어나지는 못했으니, 자신들이 다스리는 영토가 왕에게서 위임받은 것이기 때문이다. 모든 제후의 영토가 주나라 왕의 것이라는 이러한 '왕토(王土)' 의식은 춘추시대를 지나 전국시대에도 중국인들의 뇌리에 각인되어 있었던 것으로 보인다. 따라서 각 제후는 주나라 왕에게 의무를 지며, 그 의무를 저버린 제후들에 대해서 주나라 왕은 영토를 삭감하거나 빼앗기도 한다. 그런데 그 의무 이행은 그리 어려운 것이 아니었다. 주나라의 제도를 준수하는 것, 특히 군대를 움직여 전쟁을 할 수 있는 힘이 왕에게만 있음을 인정하고 따르는 것이었다. 각 제후가 군사를 기를 수는 있었지만, 군사의 운용은 왕의 명령에 의해서만 가능했던 것이다.

이러한 종법 제도가 초기에는 주나라의 왕이 안정적으로 국가를 통치하는 데 매우 도움이 되었다. 주나라 왕과 혈연·주종 관계에 있었던 제후들에게 왕의 명령은 아버지나 삼촌, 또는 주군의 것이었기에 거부하기 힘들었다. 하지만 이처럼 안정적인 주나라의 제도는 결국 흔들리는데, 12대 왕인 유왕(幽王)이

시안(西安) 교외의 여산(驪山) 정상에 세워진 봉화대(烽火臺).
유왕 당시에는 이런 모습이 아니었을 것이다.

결정적 계기를 제공한다.

유왕은 신(申)나라 제후의 딸인 왕비의 소생인 의구(宜臼)를
태자로 세웠는데, 후에 애첩 포사(褒姒)와의 사이에서 백복(伯服)
이라는 아들을 얻었다. 그런데 포사는 자기 아들 백복을 태자
로 만들고자 음모를 꾸미고, 이에 속은 유왕은 왕비를 폐하고
의구를 죽이고자 하여 의구는 이웃 제후국으로 도망한다. 이처
럼 포사에게 현혹된 유왕은 그녀를 즐겁게 하려고 이민족 침

입에 대비하기 위한 봉화를 헛되이 올리는 만행을 저지르고 만다. 봉화에 놀란 제후들은 급히 군대를 이끌고 달려왔지만 봉화대 위에서는 왕과 포사가 그들을 비웃고 있었다. 한편 왕비였던 딸이 폐위되고 태자였던 외손자가 도망자 신세로 전락한 것에 분노한 신나라의 제후가 이민족을 이끌고 주나라 수도를 침범한다. 이에 유왕은, 봉화를 올리도록 하지만 이미 왕에게 속았던 제후들이 구원군을 보내지 않았고, 결국 죽음을 맞이한다. 수도를 점령한 신나라 제후는 자신의 외손자를 왕위에 앉히니 그가 평왕(平王)이다. 그런데 이처럼 평왕이 왕위에 올랐음에도 불구하고 수도를 점령한 이민족들은 떠나지 않았고, 이에 위협을 느낀 평왕은 결국 수도를 동쪽의 낙읍(洛邑, 지금의 뤄양(洛陽))으로 옮기게 된다. 낙읍으로 수도를 이전한 이후의 주나라를 '동주(東周)'라 한다. 이 시기의 주나라 왕의 권위는 실추되며, 종법 제도 역시 제 기능을 발휘하지 못한다.

주 유왕의 사건으로 종법적 질서의 붕괴가 분명히 드러나지만, 그 붕괴는 이미 진행되고 있었다. 원래 혈연에 기반을 둔 관계는 세대가 지나면서 소원해질 수밖에 없다. 왕과 제후가 아버지와 아들이라고 했을 때 둘의 관계는 1촌이지만, 다음 세대에는 3촌, 그다음 세대에는 5촌으로 멀어질 수밖에 없다. 왕과 제후 사이의 혈연적 유대감은 그만큼 옅어질 수밖에 없는 것이다. 그리고 당시의 농업 생산력의 발달이 왕과 제후 간의 상하 관계를 흔들게 된다. 농업 생산력의 발달로 변방의 제후국들은 영토를 늘릴 수 있었지만, 제후국들로 포위된 왕은 자신의 직할지를 늘릴 수가 없었다. 따라서 왕의 세력이 제후보다 상대적으로 약해지는 현상이 생길 수밖에 없었다.

왕의 권위는 실추되었고, 제후들은 주나라의 제도를 준수하지 않고 군사를 임의로 움직이기 시작했다. 이제는 왕의 뜻에 의해서가 아니라 제후들이 자의적으로 군사를 움직여서 전쟁을 벌였으며, 제후들에게 '왕의 뜻'은 자신들이 군사를 움직이기 위한 명분일 뿐이었다. 이처럼 왕을 핑계로 한 제후국 사이의 빈번한 전쟁은 주나라를 혼란에 빠뜨리게 되니, 이 시기가 바로 '춘추시대'인 것이다.

주나라의 제도가 무너지는 이러한 현상은 가속화되어, 공자의 시기에는 제후에 의해 권력을 위임받은 대부(大夫)들이 국정을 농단하는 지경에 이른다. 공자의 고국인 노(魯)나라의 경우를 보면, 맹손(孟孫), 숙손(叔孫), 계손(季孫)이라는 세 대부 집안에서 왕의 예법을 사용하여 제사를 지내고 제후로부터 위임받은 땅, 즉 채지(采地)에 성을 쌓고 군사를 양성할 정도였다. 요컨대, 왕에게 권력을 위임받은 제후가 왕을 무시하고, 제후로부터 권력을 위임받은 대부가 제후를 무시하는 형국이었다. 이러한 혼란상은, 전국시대(戰國時代)에 더 심해지며, 진시황이 중국을 통일한 기원전 221년까지 약 550년간 이어진다. 여러 사상가와 그 학파를 뜻하는 '제자백가(諸子百家)'는 이러한 혼란상을 끝내기 위한 각자의 사상을 제시했고, 공자와 유학은 이들 가운데 하나였다. 공자는 혼란한 세상의 종식을 추구한 것이다.

공자라는 인물과 정치 역정

공자(孔子)의 이름은 '구(丘)'이고, 자(字)는 '중니(仲尼)'이다. 알다시피 '공자'에서의 '자(子)'는 이름이 아니라 '선생님'이라는 뜻으로서, '공자'는 '공 선생님'이라는 의미이다. 『논어』에는 그의 일상을 보여주는 구절이 많은데, 그 가운데 둘을 살펴보자.

> (……) 밥이 쉬어서 맛이 변했거나 생선이 문드러지고 고기가 상했으면 드시지 않았다. 색깔이 안 좋으면 드시지 않았다. 냄새가 나쁘면 드시지 않았다. 적절히 익히지 않았으면 드시지 않았다. 제철 음식이 아니면 드시지 않았다. 썬 것이 반듯하지 않으면 드시지 않았다. 적절한 장을 얻지 못하면 드시지 않았다. 고기는 비록 많이 드셨으나 밥의 기운을 넘기지는 않으셨

다.(食饐而餲, 魚餒而肉敗, 不食. 色惡, 不食. 臭惡, 不食. 失飪, 不食. 不時, 不食. 割不

正, 不食. 不得其醬, 不食. 肉雖多, 不使勝食氣.)(「향당」)

술만은 정해진 양이 없었는데, 어지러운 지경에까지는 이르

지 않으셨다.(惟酒無量, 不及亂.)(「향당」)

앞 구절의 내용을 보면 아주 까탈스러운 성격을 가진 인물

을, 뒷구절의 내용을 보면 호탕하면서도 절제력을 가진 인물을

떠올릴 것이다. 『논어』에 나타나는 공자는 이러한 두 측면을

모두 가진 인간이다. 한편으로는 지나칠 정도의 원칙주의자였

고, 다른 한편 제자들과 격의 없이 즐기는 따뜻한 스승이기도

했다.

그의 선조는 은(殷) 왕조 유민(遺民)의 나라인 송(宋)나라 사람

으로서, 아버지는 숙량흘(叔梁紇)이고 어머니는 안징재(顔徵在)로

알려져 있다. 그런데 공자의 출생에 대해서 아버지와 어머니가

'야합해서 공자를 낳았다(野合而生)'는 이상한 표현을 사용한다.

여기에서의 '야합'이란 글자 그대로 해석하면 들판에서 교접

했다는 의미이지만, 그보다는 부적절한 관계를 맺었다고 해석

하는 것이 적합하다. 야합은 오늘날도 종종 사용하는 말로서,

국민으로부터 권력을 위임받은 이들이 자신들의 이익을 위해

서 결탁하는 모습을 우리는 야합이라고 비판하며, 그러한 결탁

공자의 초상화. 『지성선현반신상(至聖先賢半身像)』(1330년경)에 수록.
출처: 대만 국립고궁박물관

이 국민 모르게 행해졌을 때 우리는 밀실 야합이라고 비판하
기도 한다. 따라서 여기에서의 '야합이생'은 공자의 부모가 일
반적인 혼인 관계를 통하지 않고서 공자를 낳았음을 의미한다.
아버지와 어머니의 나이가 각각 72세, 16세였다고 하니, 둘 사
이에 일반적인 혼인 관계가 맺어지지 않았을 가능성이 농후하
다. 그리고 그의 아버지는 그가 아주 어렸을 때 죽는다.

이렇게 출생한 공자가 풍족한 어린 시절을 보내기는 힘들었을 것이다. 공자 스스로도 "내가 어렸을 적에 힘들게 살았기 때문에 비천한 일들에 능하다.(吾少也賤, 故多能鄙事.―「자한」)"고 고백했듯이 먹고살기 위해서 여러 일을 전전했던 것으로 여겨진다. 사마천(司馬遷, 기원전 145?~86?)의 『사기(史記)』에 의하면, 장성한 그는 곡식 창고 관리인, 마구간 관리인 등을 지내며, 35세에 고국인 노(魯)나라가 혼란스러워지자 이웃인 제(齊)나라로 건너가 국정에 참여하고자 했지만 여의치 않자 다시 노나라로 돌아오기도 한다.

그후 51세에 노나라 제후인 정공(定公)의 신임을 얻어 중도재(中都宰)가 되고, 연이어 사공(司空)을 거쳐 대사구(大司寇)에 오르게 된다. 52세에 그는 노나라 제후를 도와 제나라 제후와의 협곡(夾谷)에서의 회담을 성공적으로 이끌며, 54세에는 노나라의 국정을 농단하는 맹손, 숙손, 계손씨 집안이 쌓은 성을 허물고 무기를 회수하는 군사 작전을 단행한다. 이 작전에서 결국 맹손 집안의 강력한 저항으로 성을 허무는 데 실패하는데, 이를 통해서 당시 주나라의 혼란상을 다시 한번 엿볼 수 있다. 공자는 56세에 재상(정확히는 재상 대리)에 오르는데, 독특하게도 소정묘(少正卯)라는 인물을 처형한다. 소정묘가 어떤 인물인지는 명확하지 않지만, 『사기』에서는 '노나라 대부로서 국정을 어지럽힌 자(魯大夫亂政者)'라고 했으며, 『공자평전』을 지은 안핑 친은 "그는 원칙, 심지어 자신의 이해관계조차 지키려는 것이 없는 사람이었다. 그는 단지 논리를 뒤집어보고 사람들이 시비를 판단하는 능력을 가로막아보는 데 취미를 가진 사람일 뿐이었다."고 한다. 즉 공자가 보기에 소정묘는 사람들이 옳고 그름을 판단할 수 없게 만들어 세상을 혼란스럽게 하는 자이다. 여기에서 공자의 옳음에 대한 확고한 지향과 그름에 대한 과단성 있는 배척을 볼 수 있다. 이처럼 노나라의 최고 지위까지 오른 공자는 기득권 세력에게는 달갑지 않은 존재였고, 결국 그들과의 권력 다툼에서 밀려서 고국 노나라를 떠나게 된다.

천하를 떠돌다

공자는 노나라를 떠나 54세부터 67세까지 자신을 기용해줄 제후를 찾아 돌아다닌다. 이를 천하를 주로 돌아다녔다는 의미의 '주유천하(周遊天下)'라고 표현하기도 한다. 『사기』의 「공자세가(孔子世家)」와 그에 기반한 저술 『공자평전』에 의하면 공

---

1 안핑 친, 『공자 평전―권위와 신화의 옷을 벗은 인간 공자를 찾아서』, 김기협 옮김, 이광호 감수, 돌베개, 2010, 217쪽.

자의 '주유천하'는 다음처럼 이뤄진다. 독자들이 『논어』를 홀로 읽을 때 도움이 될까 하여 간단히 정리한다.

노나라를 떠난 공자는 위(衛)나라에 가서 제자인 자로(子路)의 손위처남인 안탁추라는 사람 집에 머물다가 진(陳)나라로 갈 것을 결심한다. 진나라로 가는 도중 송(宋)나라의 광(匡)이라는 지역을 지나는데, 공자를 양호(陽虎)로 오인한 사람들이 포위하여 죽이려 한다. 양호는 과거에 광 지역 사람들을 괴롭혔는데, 공자와 외모가 유사했던 모양이다. 오해가 해소되어 포위에서 벗어난 그는 위나라로 돌아와 거백옥이라는 사람의 집에 머물며 위나라 군주의 부인인 남자(南子)를 만난다. 이어 조(曹)나라로 갔다가 송나라로 갔는데, 환퇴(桓魋)라는 자가 공자를 죽이려 했다. 이를 피해서 정(鄭)나라로 가는데, 이 과정에서 함께 여행하던 제자들이 뿔뿔이 흩어진다. 어수선한 상황에서 제자들을 찾아 헤매다가 어느 성문 앞에 홀로 서 있는 공자의 행색은 '상갓집 개[喪家之狗]'라고 표현될 정도로 초라했다. 이후 정나라에서 진나라로 가서 사성정자라는 사람의 집에 삼 년간 머물렀는데, 진(晉)나라, 초(楚)나라, 오(吳)나라가 진(陳)나라를 침략한다는 소식을 듣고 노나라로 귀국할 것을 결심한다. 귀국길에 포(蒲)라는 지역을 지나는데 위나라에서 반란이 일어났고 공자는 그 지역에서 포위되었다. 그 지역 사람들은 위나라로 가지 않는다는 것을 조건으로 공자를 풀어주었지만, 공자는 협박으로 인한 약속은 지킬 필요가 없다면서 위나라로 갔다. 하지만 위나라에서 공자를 기용하지 않자 진(晉)나라로 가서 실권자인 조간자를 만나고자 한다. 그런데 진나라로 가는 도중 조간자가 권력을 장악한 후 자신의 조력자 두 사람을 죽였다는 소식을 듣고 진나라로 가지 않고 위나라로 가서 거백옥의 집에 머문다. 위나라에서 군주를 만났는데, 그가 군사를 움직이는 방법을 묻자 위나라를 떠나서 진(陳)나라로 갔다. 당시에 노나라의 권력자 계환자가 죽으면서 자신의 후계자인 계강자에게 공자를 불러 정치를 맡길 것을 명했다. 하지만 노나라 관료들의 반대로 공자 대신 제자 염구(冉求)를 불러 노나라 관리로 삼았다. 이후에 진나라를 떠나 채(蔡)나라로 갔다. 그런데 채나라 군주가 오나라 왕의 초청에 응해 오나라에 가려다가 그에 반대하는 신하들에게 죽고, 이어서 초나라가 채나라를 침공한다. 이에 공자는 채나라를 떠나 초나라 섭(葉)이라는 지역으로 갔다가 다시 채나라로 돌아가서 삼 년간 머문다. 이어 오나라가 진나라를 공격하자, 진나라를 도와 군대를 보낸 초나라가 마침 공자가 진나라와 채나라 사이에 있다는 소식을 듣고서 초빙한다. 공자는 초나라의 초빙에 응하려 하지만 진나라와 채나라의 대부들이 공자가 초나라에 등용되면 자신들이 위태로울 수 있다고 생각하여 사람을 보내어 포위한다. 이때 공자와 제자들은 식량이 바닥나서 굶주리고 병에 걸리는 등 매우 위태로운 상황에 놓인다. 공자는 제자인 자공(子貢)을 초나라에 보내 구원을 요청하고, 초나라 왕은 군대를 출동시켜 공자와 제자들을 구출한다. 초나라 소왕(昭王)은 공자를 기용하고자 하지만 영윤 벼슬을 하는 자서(子西)의 반대로 무산되고 소왕은 곧 죽는다. 이에 공자는 초나라를 떠나 위나라로 돌아간다. 이때 노나라에서 장수가 되어 있던 염구가 제나라와의 전쟁에서 승리한 후 공자를 추천하자 노나라는 귀국을 요청하고, 공자는 이에 응한다. 하지만 노나라 정부는 공자를 기용하지 않았고, 공자 역시 정치에 참여할 생각을 접고서 학문과 후학 양성으로 여생을 보낸다.

이처럼 고국을 떠난 공자의 여정은 '주유천하'라는 멋진 이름과는 달리 고난의 연속이었다. '상갓집 개'와 같은 초라한 행색을 띠고, 오랜 굶주림에 시달리고, 죽을 고비를 넘기기도 한다. 그가 이러한 고난을 겪으면서 추구한 것은 무엇일까? 그것은 정치에 참여함으로써 혼란스러운 현실을 변화시키는 것이었다. 하지만 공자에게 기회는 주어지지 않았고, 따라서 귀국 후 그가 할 수 있는 것은 학문에의 몰두와 후학 양성이었다. 학문은 자신의 뜻을 후세에 이룰 수 있도록 체계를 세우는 작업이었고, 제자 양성은 자신의 뜻을 세상에 펼쳐줄 이들을 기르는 작업이었다. 이처럼 학문과 제자 양성이 현실 정치에의 참여와 분리된 것은 아니었고, 실제로 공자는 현실 정치에 참여할 기회를 찾아 천하를 주유하면서도 제자들을 양성했고 학문을 연마했다. 그리고 제자들은 기회가 있으면, 앞서의 염구처럼, 스승을 떠나 현실 정치에 참여하여 자신이 배운 것을 실천했다.

공자의 제자들과 『논어』

공자의 다양한 제자들

공자에게 제자들은 단순히 사상을 전수하는 대상일 뿐 아니라 학문적, 정치적 동지였다고 할 수 있다. 그들은 스승을 사랑하고 존경했지만 스승의 잘못에 대해서는 분명히 지적했고, 공자 역시 그들의 지적이 타당했을 때 자신의 잘못을 솔직히 인정한다. 물론 어떤 경우에는 군색한 변명을 늘어놓기도 하는데, 이러한 변명은 오히려 공자가 권위적 태도로 제자들 위에

육예

육예(六禮)란 예(禮, 기본적인 예의범절), 악(樂, 음악), 사(射, 활쏘기), 어(御, 수레 몰기), 서(書, 글쓰기), 수(數, 수학이나 산술) 여섯 가지로서, 당시 지배층인 군자(君子)가 습득해야 할 교양이라고 할 수 있다.

군림하지 않았음을 추측하게 한다. 그와 제자들의 관계는 이 책 2장의 2절 '교우의 즐거움'에서 자세히 서술할 것이기 때문에, 여기에서는 그의 제자들에 대한 대강만을 살펴보기로 한다.

사마천은, 『사기』 「공자세가」에서는 "제자가 대충 삼천 명이었고, 그 가운데 육예(六藝)에 능통한 자가 72명이었다"고 했으며, 「중니제자열전(仲尼弟子列傳)」에서는 "배운 것을 체득하여 통달한 자가 77명이다"라는 공자의 말을 인용하고, 77인을 한 사람씩 소개했다. 이를 통해서, 많은 이가 공자를 스승으로 삼아 가르침을 받았고, 그 가운데 일정 정도의 수준에 오른 이가 대충 70여 명이라는 것을 알 수 있다. 이들 가운데 몇 사람을 사마천의 소개에 따라 살펴보면 다음과 같다.

우선 살펴볼 제자는 안회(顏回)로서 자(字)가 자연(子淵)이고 공자보다 30세 어리다. 『논어』에는 '안연(顏淵)', '회(回)' 등의 칭호로 등장하는데, 가난했지만 가난 때문에 주눅이 들거나 고민하지 않았다고 한다. 공자는 그를 제자들 가운데 가장 높이

안회(왼쪽)와 중유(오른쪽)의 초상화. 『지성선현반신상(至聖先賢半身像)』(1330년경)에 수록.
출처: 대만 국립고궁박물관

평가하는데, 제자 가운데 유일하게 '배우기를 좋아하며[好學]', '석 달간 인을 어기지 않을 수 있다'고 칭찬했다. 『논어』에는 제자로서는 이례적으로 그의 죽음을 다루었는데, 그의 죽음을 슬퍼하는 공자를 통해 그에 대한 공자의 기대가 얼마나 컸는지를 보여준다. 공자는 그가 죽자 "아! 하늘이 나를 버리는구나!"(「선진」)라고 애통해했을 뿐 아니라 다른 제자들이 걱정할 정도로 과도하게 슬퍼하는 모습을 보였다.

글만 읽는 샌님 느낌의 안회와는 달리 무인의 이미지를 가진 제자 중유(仲由)는 자가 자로(子路)이고 공자보다 9세 어리며,

『논어』에는 주로 '자로', '유(由)'라는 호칭으로 등장한다. 용감하고 저돌적인 성격을 갖고 있어서 '맨손으로 호랑이를 때려잡고, 맨발로 얼어붙은 황하를 건너는' 모습으로 형용되기도 한다. 그러한 성격 탓에 공자에게 꾸지람을 듣기도 하지만, 누구보다 스승에 대한 사랑이 대단했다. 오죽하면 공자가 "내가 유를 제자로 받아들인 이후로는 나를 욕하는 소리를 듣지 못했다"(『사기』「중니제자열전」)고 했다. 공자를 존경한 나머지 그를 욕하는 이들을 용납하지 않았던 것이다. 이러한 그의 저돌성은 옳음에 대한 태도에도 그대로 드러나는데, 옳은 것을 알게 되면 비타협적으로 그것을 실천하는 모습을 보여준다. 이처럼 용기를 숭상한 그는 결국 위(衛)나라에서 전란에 휩싸여 전사하는데, 사마천은 그가 죽은 이듬해에 공자가 죽었다고 함으로써 그의 죽음에 대해 공자가 얼마나 애통해했는지를 암시했다.

또 하나의 제자 단목사(端木賜)는 자가 자공(子貢)이고 공자보다 31세 어리다. 『논어』에서는 주로 '자공', '사(賜)'라는 호칭으로 등장하는데, 돈 버는 데 재주가 뛰어났다고 한다. 여기에서 자공을 다루는 이유는, 공자가 죽자 다른 제자들은 마음으로 삼 년간 공자를 추모하고서 떠났는데, 그가 스승의 무덤가에 움막을 짓고서 육 년간 상을 치렀기 때문이다. 그만큼 스승을 사랑하는 마음이 강했다고 할 수도 있을 것인데, 그가 움막

자공려묘처(子貢廬墓處)라고 쓰인 비석이 공자의 무덤가에 세워져 있다.

을 짓고서 공자의 무덤을 지켰다는 자리에는 현재 그 일을 기
리는 비석이 서 있다.

　마지막으로 살펴볼 두 사람은 증삼(曾參)과 유약(有若)이다.
두 사람은 각각 공자보다 46세, 43세 어렸는데, 『논어』에서 공
자 제자들 가운데 성 뒤에 '자(子)'가 붙어서 등장하는 인물은
이들뿐이다. 물론 이 두 사람이 이름으로 칭해지기도 하지만,
'유자(有子)', '증자(曾子)', 즉 '유 선생님', '증 선생님'이라고 불리

기도 한다. 따라서 『논어』를 편찬한 사람들이, 이 두 사람을 선생님이라고 부르는, 이들의 제자라고 추정한다.

공자와 제자들의 언행록: 『논어』

현재 한글로 간행된 『논어』라는 제목으로 출간된 책은 크게 두 가지로 구분할 수 있다. 우선 한문으로 된 『논어』를 순서 그대로 번역하고 필요한 경우에 해설을 붙인 것이다. 또 하나는 『논어』의 구절들을 해설자의 의도에 따라 배치하고 설명한 것이다. 현재 여러분이 읽고 있는 이 책은 후자에 속하며, 따라서 이 책의 지은이는 글쓴이가 될 것이다. 그런데 전자의 경우에 '공자 지음, 아무개 번역(또는 역해)'이라고 한 것이 있는데, 엄밀히 따지자면 잘못된 것이다. 물론 공자의 언행이 『논어』의 주된 내용이지만 『논어』에는 그것만 실려 있지 않으며, 공자는 『논어』를 짓지도 않았고 생전에 이 책을 보지도 못했다. 특히 『논어』에 수시로 등장하는 '자왈(子曰)'은 '선생님께서 말씀하셨다'는 의미인데, 공자 스스로가 글을 쓰면서 이렇게 말했을 리는 만무하다.

그렇다면 『논어』는 누구에 의해서 지어진 것일까? 중국 고

전에 대한 많은 해설서를 남긴 대만(臺灣)의 학자 굴만리(屈萬里, 1907~1979)는 저서 『고적도독(古籍導讀)』(1964)에서, 『논어』에 관한 이전의 주장들을 엄밀하게 검토하여, 『논어』의 탄생과 '논어'라는 명칭에 관한 믿을 만한 정보를 제공해준다. 그에 의하면, 『논어』는 공자와 제자들의 언행을 재전제자(再傳弟子), 즉 공자를 스승으로 섬긴 제자들의 제자들이 기록한 것이다. 그리고 '논어'라는 명칭은 공자가 제자나 당시 사람들과 응답한 '말(語)', 제자들끼리 서로 나눈 '말', 제자들이 공자에게서 들은 '말'들을 재전제자들이 '의논하여(論)' 편집했음을 의미한다. 요컨대, 『논어』는 공자의 재전제자들이 편찬한 공자와 제자들의 언행록인 것이다. 그리고 편찬 시기는 아무리 일러도 공자가 죽은 기원전 479년부터 30여 년 후라고 굴만리는 주장한다.

지금도 동양의 대표적인 고전으로 여겨지는 『논어』는 오랜 세월 수많은 사람에게 읽혔고 많은 영향을 끼쳤다. 특히 유학은 중국 한(漢) 왕조 이후 국가의 공식 지배 이념이 되었고, 한반도에서도 삼국시대 이후, 특히 조선시대의 지배 이념이었다. 따라서 한국과 중국의 지배층들에게 『논어』는 경전으로서의 권위를 가졌으며 필독서였다. 물론 이처럼 필독서라고 해서 그것을 읽은 모든 사람이 『논어』에 심취하지는 않았을 것이며, 사람마다 받아들이는 태도나 감흥은 다를 수밖에 없었을 것이

정이

호는 '이천(伊川)'으로서, 조선의 학자들에게는 '정자(程子)'라고 칭해졌으며, 형인 정호(程顥, 호는 '명도(明道)')와 함께 '이정(二程)', '이정형제(二程兄弟)' 등으로 불린다. 북송(北宋)의 도학자(道學者)로서 주희(朱熹)의 성리학 형성에 큰 영향을 끼쳤다. 많은 저술이 있는데, 『주역(周易)』에 대한 주석서인 『역전(易傳)』이 대표적이다.

다. 이러한 태도나 감흥의 다름을 북송(北宋)의 사상가 정이(程頤, 1033~1107)는 다음처럼 표현했다. "『논어』를 다 읽고 나서 전혀 변화가 없는 자도 있을 것이며, 다 읽고 나서 그 가운데 한두 구절을 얻어서 기뻐하는 자도 있을 것이며, 다 읽자마자 자기도 모르게 손발을 놀려 춤을 추는 자도 있을 것이다." 마지막의 『논어』에 심취한 사람의 기쁨을 표현한 것이 참 재미있다. 얼마나 좋으면 자신도 모르는 사이에 손발이 춤을 추고 있을까.

역사 속의 공자

앞서도 언급했듯이, 유학은 한반도에 삼국시대에 전래되어 정치 이념으로서 지대한 영향을 끼쳤으며, 공자의 사상을 담은 『논어』의 위상도 굳건했다. 이러한 유학, 공자, 『논어』의 위상에 대한 도전으로는 신라나 고려의 불교 등을 꼽을 수 있을 것이다. 하지만 그러한 도전 때문에 유학이 정치 이념으로서의 자리를 내놓아야 할 정도는 아니었다. 물론 우리의 삶 전반을 바꿔놓은 서구로부터 유입된 근대화의 물결은 유학에도 커다란 위협이 되었지만, 오랫동안 정착한 유학의 뿌리까지 건드렸는지는 의문이다. 한반도에서 유학의 위상은 근대 이전에는 큰 변화를 겪지 않았고, 근대화 이후에도 그 위상이 완전히 추락하지는 않았다는 것이다.

하지만 중국에서의 유학, 공자, 『논어』의 위상 변화는 매우 극적이다. 따라서 공자 사후부터 현대까지의 위상 변화를 간략히 살펴보는 것도 의미 있을 것이다.

예악과 차별애에 대한 비판: 묵자

춘추전국시대에 공자와 그가 창시한 유학을 비판하는 사람이나 집단은 적지 않는데, 그들 가운데 공자 직후에 활약한 묵자(墨子, 기원전 470?~391?, 이름은 적(翟))의 비판은 주목할 만하다. 『묵자』라는 책을 남긴 그는 기층 민중의 물질적인 삶에 주목한 사상가이다. 그는 "백성들에게 세 가지 우환이 있으니, 배고픈 자가 먹지 못하고, 추운 자가 입지 못하고, 피로한 자가 쉬지 못하는 것이다"(『묵자』「비악」상)라고 당시 사회를 비판하고, 노동한 이들이 자신의 노동 성과물을 제대로 누리는 사회를 꿈꾸었다. 이러한 그의 눈에 비친 공자와 유가 사상은 백성들의 삶을 저해하는 것이었으며, 따라서 「비유(非儒)」('유가를 비판한다'

는 의미)를 써서 비판하기도 한다. 특히 차별애와 예악(禮樂)에 대한 유가 비판은 상당한 설득력을 갖는다.

우선 예악에 대한 비판을 보자면, 제례나 상례 등 일정한 형식을 갖춘 의례를 가리키는 '예'와 음악을 가리키는 '악'은 유가에서 사회를 운영하기 위한 중요한 수단이다. 그런데 묵자는 이러한 예악을 백성들의 물질적 안정을 저해하는 것으로 치부한다.

"오늘날의 왕공과 대부들은 오로지 악기를 만들어 나라에서 음악을 하는 것만 일삼고 있다. (……) 반드시 만백성에게 많은 세금을 거두어 큰 종, 북, 금, 슬, 생 같은 악기를 만든다. 옛 성왕도 만백성에게서 많은 세금을 거두어 배와 수레를 만들었는데, 완성되고 나면 '내가 이것들을 어디에 쓸까?'라고 묻고 '배는 물에서 쓰고 수레는 땅에서 써서, 군자와 소인들의 발과 어깨, 등을 쉬게 한다.'라고 답했다. 따라서 만백성이 재물을 내어주면서도 감히 원망하지 않았으니, 왜인가? 그것이 오히려 백성들의 이익에 맞았기 때문이다. 그러하니 악기가 오히려 이처럼 백성들의 이익에 부합한다면 나는 감히 잘못됐다고 하지 못할 것이다. 그러하니 만약 악기를 사용하는 것이 성왕이 배와 수레를 만드는 것과 같다면, 나는 감히 잘못됐다고 할 수 없을 것이다."(「비악」상) 묵자의 말은 아주 단순하다. 악기 제작이 배나 수레 제작과 마찬가지로 백성들의 재화를 소비하는데, 악기를 만들어서 발생하는 백성들의 이익이 배와 수레를 만들어서 발생하는 이익과 같다면 자신은 악기 제작에 반대하지 않겠다고 한다. 악기 제작이 백성들의 재화를 낭비할 뿐 그들의 이익에 아무런 도움이 되지 않기 때문에 그것을 반대한다는 것이다. 실제로 묵가 학파의 경우에는 음악을 금지했다.

그의 예(禮)에 대한 비판도 음악에 대한 비판과 같은 논리이다. 삼 년이라는 오랜 시간 동안 진행되는 상례나 많은 재화를 들여서 치러지는 제례는 백성들의 물질적 삶에 도움이 되지 않을 뿐 아니라 그들의 고혈을 쥐어짠다. 이러한 예 때문에 백성들은 더욱 굶주리고, 추위에 떨고, 피로에 시달린다. 그렇다고 예를 음악처럼 완전히 없애야 한다고 하지는 않았다. '예'가 가지는 제도적 측면을 무시할 수 없었기 때문이다. 따라서 묵자는 예를 간소화함으로써 재화의 낭비를 최소화할 것을 주장한다.

이러한 묵자에게 전쟁은 가장 피해야 할 것이었다. 동서고금을 막론하고 전쟁의 최대 피해자는 사회적 약자이다. 어떤 이는 전쟁을 계기로 자신의 힘을 더욱 공고히 하고 어떤 이는 이를 기회로 삼아 부를 축적하기도 한다. 하지만 하루 벌어 하루를 살아갈 수밖에 없는 대다수 기층 민중의 입장에서 전쟁은 삶을 철저히 무너뜨리는 재앙일 뿐이다. 따라서 전쟁을 반대한 묵자는 전쟁의 발생 자체를 막고자 노력한다. 그는 어떤 전쟁이건 먼저 침공한 편이 있다는 것에 주목하여 그러한 침공을 막기 위해 노력하는데, 그것이 바로 침공 전쟁을 비판한다는 뜻을 갖는 '비공(非攻)'이다. 만약 '가'라는 나라가 '나'라는 나라를 침공할 것이라는 정보를 접하면 우선 '가'에 직접 가거나 사람을 파견하여 전쟁을 포기할 것을 설득한다. 그런데 설득에 실패하면 '나'에 전쟁에 능한 묵가 학파 사람들을 파견하여 방어 전쟁을 수행하도록 한다. 실제로 이렇게 방어 전쟁에 참여한 이들은 전과를 올리기도 하며, 어떤 이들은 전투 과정에서 목숨을 잃기도 한다. 기층 민중들의 삶을 보호하기 위해서 자신과 무관한 나라의 전쟁에 목숨을 걸고 참여했던 것이다.

그렇다면 이러한 묵자에게 전쟁 발생의 근본적인 원인은 무엇으로 인지되었을까? 그것은 차별적인 사랑, 즉 '별애(別愛)'이다. 묵자는 별애를 주장하는 사람의 태도를 "내가 어찌 내 벗의 몸을 내 몸처럼 여길 수 있으며, 내 벗의 어버이를 내 어버이처럼 여길 수 있겠는가?"(「겸애」 하)라는 말로 표현한다. 벗과 그 아버지를 사랑한다고 하더라도 나와 내 아버지를 사랑하는 만큼 할 수는 없다는 뜻이다. 그런데 일견 자연스러운 이러한 태도를 국가를 책임지는 제후가 가졌을 때는 큰 문제가 생긴다. "오늘날의 제후들은 자기 나라를 사랑할 줄만 알지 다른 사람의 나라를 사랑할 줄을 모른다. 이 때문에 거리낌 없이 자기 나라 사람들을 동원하여 다른 사람의 나라를 침공한다."(『겸애』 중)는 것이다. 자기 나라만을 사랑하는 태도로 인해서 전쟁이 발생한다는 논리이다. 따라서 묵자는 별애가 아니라 무차별적인 사랑인 '겸애(兼愛)'를 주장한다. 여기에서의 '겸'은 '나와 나를 구분하지 않음'을 의미한다. 따라서 '겸애'는 나와 남을 구분하지 않고, 내 아버지와 남의 아버지를 구분하지 않고, 내 백성과 이웃나라 백성을 구분하지 않고 사랑함을 의미한다. 이러한 겸애가 실현되었을 때 모든 다툼은 종식되리라는 것이 묵자의 생각이다.

묵자의 이러한 별애에 대한 비판과 대안으로서의 겸애 제시는 유가를 겨냥한 것이 분명하다. '2장, 『논어』 읽기'에서 자세히 살펴보겠지만, 유학에서의 핵심적인 덕목은 '사람 사랑'이라고 해석할 수 있는 '인(仁)'인데, 이러한 인의 실현은 '부모형제에 대한 사랑[孝悌]'에서 출발한다. 그리고 유가의 별애적 측면은 공자의 사상을 이은 맹자에서 더 확연히 드러난다. 그는 어버이에 대한 사랑, 자국민에 대한 사랑, 타국민에 대한 사

양주

양주(楊朱)는 전국시대의 사상가로서, 생몰 연대나 출신 등은 알려지지 않았다. 극
단적인 이기주의를 설파하여, 『한비자』「현학」에서 말한 '천하에 큰 이득을 위해
정강이의 털 하나도 뽑지 않고', '나 이외의 존재를 가볍게 여기고 자기의 삶만을
중시하는 선비'가 그를 가리킨 것이라고 한다. 맹자는 그의 '위아설(爲我說, 자신만
을 위한다는 이론)'이 '임금을 무시하는[無君]' 것이라고 비판했다.

랑을 구분하고, 어버이에 대한 사랑에서 자국민에 대한 사랑
으로, 그리고 자국민에 대한 사랑에서 타국민에 대한 사랑으
로 확장해야 한다고 주장했다. 이러한 입장에서 벗의 아버지를
내 아버지처럼 사랑하라는 묵자의 겸애는 '아버지를 무시하는
[無父]' 짐승과 같은 것이다. 하지만 맹자 당시 사회는 이미 "양
주(楊朱)와 묵적의 말이 천하를 가득 채우고 있었다."(『맹자』「등문
공」 하) 공자 사상의 실현을 꿈꾸는 맹자에게 묵자의 사상은 넘
어야 할 큰 장애였던 것이다.

사실 묵자의 별애에 대한 비판은 상당히 타당하다. 자기 가
족부터 사랑하는 것으로 인한 폐해는 현대 사회에서도 어렵지
않게 드러난다. 특히 공직에 있는 이들이 가족, 지인, 동문, 동
향이라는 이유로 그들의 이익을 우선시하고 범죄를 눈감아주
는 일들이 비일비재한 현실에서, 이러한 유가적 별애에 대한

묵가의 비판은 현재에도 유효하다. 물론 이러한 별애가 유가만의 특성이며, 그 별애의 뿌리가 유학이라고 할 수는 없을 것이다. 다만 유학에 이러한 가족주의적 특성이 있음을 부인할 수 없으며, 따라서 유학의 창시자인 공자도 이러한 비판에서 자유로울 수 없다.

하지만 묵자의 사상은 유가에게 그리 큰 위협이 되지는 못했다. 묵가는 진시황의 통일 이후 흔적 없이 사라지기 때문이다. 그 원인으로는 지나치게 금욕적인 생활을 강요한 묵가 학파의 특성, '겸애'의 실현의 어려움 등 여러 가지를 들 수 있겠지만, 이 책의 주제에서 너무 동떨어진 것이기에 더 이상 다루지 않겠다.

공자 사상에 대한 비난과 탄압: 법가와 진시황

공자와 유가에게 큰 위협이 되고 실질적인 타격을 입힌 것은 '분서갱유(焚書坑儒)'로 알려진 진시황의 사상 탄압과 그 이론적 근거가 된 한비자(韓非子, 기원전 280?~233)의 법가 사상이었다. 한비자는 공자의 사상을 계승한 순자(荀子, 기원전 298?~238?)의 제자였지만, 공자의 사상에서 완전히 벗어나게 된다. 특히 그

한비자

이름은 '비(非)'이며, 한(韓)나라의 힘없는 왕족 출신이다. 전기 법가(法家) 사상가인 상앙(商鞅, 기원전 390?~338), 신도(愼到, 기원전 395-315), 신불해(申不害, 기원전 358?~337?) 등의 사상을 받아들여 법가 사상을 완성했다고 평가된다. 그는 권력자에게도 예외 없이 적용되는 '법(法)', 제왕으로서의 권세와 일의 진행을 파악해야 한다는 '세(勢)', 자신에게 위협이 되는 측근을 음모적으로 통제하는 정치술인 '술(術)'을 활용한 강력하고 일사불란한 제왕의 통치를 주장했다.

는 스승 순자의 '성악설(性惡說)'을 더욱 심화시켜서 인간의 이기성에 주목한다. 그에 의하면, 자식은 자신을 잘 양육해주지 않은 부모를 원망하고, 부모는 자신을 제대로 봉양해주지 않은 자식을 원망한다. 이처럼 부모와 자식처럼 가장 원초적인 관계에서조차도 인간은 자신의 이익에 따라 움직인다.

이러한 그의 주장은 부모와 자식 사이의 관계를 모든 인간 관계의 출발점으로 여기는 유가를 근본에서부터 비판한 것이다. 부모 자식 사이라고 해도 이익에 따라 움직이는 인간 사회를 운영하기 위해서는 그들의 이기성을 활용해야지 '인간 사랑' 따위의 비합리적 요소를 개입해서는 안 된다. 인(仁)과 예(禮)로 무장한 도덕적 군자가 사회를 운영해야 한다는 공자의 사상은 실현 불가능한 것이며, 인간의 이기성을 활용하여 상(賞)이나 벌(罰), 그리고 법(法)이라는 수단으로 한 통치만이 실현 가능하

순자

이름은 황(況)이며, 공자의 사상을 이은 유가 사상가이다. 흔히 그는 인간의 본성이 악하다는 '성악설(性惡說)'을 주장했다고 알려졌는데, 사실 인간의 본성 자체가 악하다기보다는 본성대로 행위하면 악해지기 쉽다는 것이 그의 입장이었다. 따라서 인간의 타고난 본성과 후천적 인위를 구분하고 인위적인 '예(禮)'에 의해서 인간 세상을 도덕적으로 만들어야 한다고 주장했다. 그의 이러한 사상은 공자의 사상을 외적 제도인 '예'를 중심으로 받아들인 것으로서, 내적 심성인 '인(仁)'을 중심으로 받아들인 맹자와는 구분된다. 이러한 인간 본성에 대한 부정적인 시선과 외적 제도인 '예'에 대한 강조는 그의 제자 한비자에서는 더욱 심화되어 인간의 이기성에 대한 부각과 강제적인 '법(法)'에 대한 강조로 나타난다.

다는 것이다. 이러한 통치를 통해서만 춘추전국시대의 혼란을 끝낼 수 있다고 보았다.

더구나 한비자가 보기에 이러한 유학자는 나라를 망치는 존재이다. 『한비자』에는 「오두(五蠹)」편이 있는데, 중국을 통일하기 전의 진시황이 이 글을 보고 한비자를 만나고 싶어했다고 한다. '오두'에서의 '두'는 나무를 갉아먹는 좀벌레로서, '오두'란 나라를 좀먹는 다섯 가지 벌레라는 의미를 갖는다. 이 다섯 가지 좀벌레에는 말로 먹고 사는 논객[言談者], 허리에 칼을 차고 다니는 협객[帶劍者], 왕의 시중을 드는 측근[患御者], 상업이나 공업에 종사하는 백성[商工之民]과 함께 '학자(學者)'가 있다. 이 '학자'에 대해서 한비자는 "그 학자들은 선왕의 도를 칭송함으

분서갱유

분서갱유(焚書坑儒)는 책을 불사르고 학자들을 생매장한 것을 가리킨다. 중국을
통일한 진시황은 강력한 중앙집권을 실시하고자 했지만 유가적 입장을 가진 일
부 신하들이 과거의 봉건제를 채택해야 한다고 주장했다. 이에 강력한 사상 탄압
을 주장한 이사가 이러한 학자들이 읽는 책들을 불사를 것을 주장하고, 진시황은
그 주장을 받아들였다. 이것이 바로 '분서'인데, 이로 인해서 농사, 의술, 점술 등
과 관련된 실용적 서적을 제외한 모든 책이 불태워진다. 그 후에 진시황의 폭정을
비판하는 400여 명의 학자를 생매장했으니, 이것이 '갱유'이다. 이러한 사상 탄
압으로 인해서 법가 사상을 제외한 제자백가의 사상은 진 왕조 시기에 자취를 감
추며, 특히 유가 사상은 심각한 타격을 입었다.

로써 인의를 바탕으로 삼으며, 복식을 화려하게 갖추고 말을
꾸밈으로써 현실의 법을 의심케 하고 임금의 마음을 어지럽힌
다."(『한비자』「오두」)라고 비판한다. 여기에서 '선왕의 도', '인의'
는 유가에서 중시하는 가치를 드러내며, '화려한 복식'은 유가
에서 강조하는 '예'를 가리키는 것이 분명하다. 즉 한비자가 비
판하는 학자는 주로 유학자에 집중되어 있었던 것이다. 한비자
에게 학자를 비롯한 다섯 가지 좀벌레는 건강한 국가를 위해
서는 반드시 제거해야 할 대상이었다. 그리고 이러한 학자들을
제거하기 위한 작업으로서 실현된 것이 바로 이사(李斯)에 의해
주도된 '분서'와 추후에 자행된 '갱유'이다. 이로써 공자와 유
가 사상은 심각한 타격을 입는다.

자금성 교태전(交泰殿)의 '무위(無爲)' 편액.[2]

후에 유가 사상이 공식적인 지배 이념이 된 시기에도 법가 사상은 계속 유가 사상을 위협한다. 권력을 잡고 국가를 통치하는 이들이 유가를 표면에 내세우면서도 실질적인 통치에서는 법가 사상을 활용하기도 한다.

---

2 한무제(漢武帝)가 유학을 국가의 공식적인 지배 이데올로기로 인정한 후 역대 통치자들은 겉으로는 도덕성을 중시하는 유가를 내세웠지만, 실질적으로는 법가의 법, 술, 세에 의한 통치 행위를 이어간다. 그것을 잘 보여주는 것이 명청(明淸) 왕조의 정궁이었던 자금성의 전각 '교태전(交泰殿)'의 황제의 의자 뒤에 있는 '무위(無爲)'라는 편액이다. '무위'는 원래 노자의 『도덕경』에 나온 것인데, 한비자는 이것을 제왕의 통치술로 받아들인다. 제왕이 억지로 무언가를 도모하기보다는 형세의 흐름을 잘 읽어서 그에 따라 자연스럽게 통치해야 한다는, 일종의 통치술로 본 것이다.

만세사표와 소왕으로서의 공자

이러한 진시황의 독재와 사상 탄압은 오래 지속되지 못하며, 항우(項羽)가 이끄는 초(楚)와 유방(劉邦)이 이끄는 한(漢)의 전쟁 끝에 한의 승리로 유방은 한 제국의 첫 황제에 오른다. 진나라의 강력한 법에 의한 통치가 민심 이반의 원인이라고 생각한 유방은 다른 사람을 죽인 자, 다른 사람에게 상해를 입힌 자, 남의 물건을 훔친 자에 대한 처벌 규정을 담은 '법삼장(法三章)'이외의 모든 법을 폐지했다. 하지만 이러한 법의 간소화는 왕권의 약화와 국가 기강의 해이를 가져왔고, 한 왕조의 7대 황제인 무제(武帝) 역시 이러한 문제를 고민했다.

이러한 무제의 고민에 답을 준 사람은 동중서(董仲舒, 기원전 176?~104?)였다. 그는 공자 사상을 중심으로 하여 국가의 기강을 세울 것을 주장하고, 무제는 그것을 받아들인다. 특히 그는 임금이 되는 것이 우주 자연인 하늘의 뜻에 의한 것이라고 하여 현실의 제왕의 권위에 힘을 실어줌으로써 왕권 약화로 인한 무제의 고민을 해소해주었다. 우주의 근원적 존재인 하늘에 의해 세워진 제왕의 권위에 도전할 수 있는 여지를 제거한 것이다. 하지만 이처럼 우주 자연이 인간 사회에 영향을 끼친다는 그의 논리는 제왕의 잘못에 하늘이 벌을 준다는 재이(災異)

동중서의 무덤. 중국 시안(西安)의 고성 귀퉁이에 있다.
유학을 국교화하는 데 공헌한 그의 위상에 비해 대단히 초라하다.

설까지 나아가게 되어 결국은 무제의 미움을 받고 초라한 여
생을 보냈다.

　어쨌거나 유학을 지배 이념으로 하자는 동중서의 주청을
한 무제가 받아들인 이후 현대 중국의 등장 이전까지, 유교는
중국의 공식적인 종교이자 지배 이념으로 작동했고, 그 창시자
공자는 신격화되었다. 이 시기에 공자를 지칭하는 명칭 몇 가
지는 그의 위상을 잘 보여준다. 우선 그는 '소왕(素王)'이라 불렸

공묘의 '대성전(大成殿)'. 황금색 기와를 사용한 건물로서 공자의 위패가 모셔져 있다.
건물 앞 사람들의 크기를 통해서 본 건물의 웅대함을 가늠할 수 있다.

다. 소왕이란 글자 그대로 해석하면, 흰옷을 입은[素] 왕(王)이라
는 의미이다. 모두가 알다시피 왕이나 황제는 흰옷을 입지 않
는다. 물론 속옷으로 흰옷을 착용했을 수도 있겠지만, 겉옷은
매우 화려한 색과 무늬로 치장했다. 따라서 여기에서의 '흰옷
을 입었다'는 것은 실제로는 왕위에 오르지 않았다는 의미이
다. 그런데도 왕이라고 하는 것은 왕다운 덕목을 갖추었음을
의미한다. 즉 소왕이란 실제로는 왕위에 오르지 않았지만 왕다

운 덕목을 가진 이를 가리킨다. 따라서 한 왕조 이후의 공자는 왕으로서의 예우를 누렸다. 그의 위패를 모셔두고 제사를 올리는 사당인 공묘(孔廟)는 황제의 건물에만 사용할 수 있는 황금색 기와를 사용한 화려하고 거대한 건물들로 채워졌고, 그의 후손이 기거하던 공부(孔府)에는 황제를 상징하는 오조룡(五爪龍)으로 치장되었다. 그리고 앞서 살펴본 '만세사표(萬世師表)'라는 칭호도 주목할 만하다. 즉 '영원토록 변치 않는 스승으로서

시호

'시호(謚號)'는 죽은 군주나 관료에 대해서 후대의 군주가 그의 업적을 기리며 부여하는 칭호이다. 공자의 '대성지성문선왕'의 의미를 풀어보면 다음과 같다. '대성'이란 공자가 그 이전 성인들의 사상을 모아서 그것을 크게 완성했음을, 즉 '집대성(集大成)'했음을 의미한다. '지성'이란 말 그대로 지극한, 최고의 성인(聖人)이라는 의미이다. 그리고 '문선왕'은 문화를 펼친 왕, 즉 문화를 통해서 백성을 교화한 왕이라는 의미이다. 이들을 종합하여 비문을 해석하면, 이전 성인들의 사상을 모아서 크게 완성시켰고, 지극한 성인이며, 문화를 통해 백성을 교화한 왕이라는 의미가 될 것이다.

의 모범'이라는 의미를 갖는 이 칭호에 걸맞게 역대 왕조의 군주들은 공자에 여러 시호(謚號)를 부여했다. 지금도 공자 무덤의 비석에는 '대성지성문선왕(大成至聖文宣王)'이라는 시호가 각인되어 있다.

봉건 잔재의 상징

공자의 '사표'로서의 위상은, '만세' 동안은 아니지만, 서구 열강의 동양 침탈 이전까지 약 2000년간 유지됐다. 공자의 이러한 위상은 그를 숭상한 중국의 위상 추락과 함께 위기를 맞는데, 결정적인 계기는 '아편전쟁'이었다. 산업혁명으로 비약

적인 경제 발전을 이룬 영국 등 서구 열강은 새로운 시장과 원
료 공급 기지를 찾아 청(淸)이 지배하던 중국에 진출하고자 한
다. 하지만 쇄국 정책을 편 청나라는 서구와의 무역을 남방의
광저우(廣州)에 한해서 허용하고, 영국을 자신들과 대등한 국가
로 인정하지 않았다. 이런 상황에서 영국과 영국 상인들의 청
에 대한 불만은 쌓일 수밖에 없었다. 그리고 당시의 영국 상인
들은 중국의 차(茶)를 영국으로 가져가 판매했는데, 산업혁명
으로 형성된 부유층의 증가로 영국에서의 중국 차에 대한 수

요가 증가했다. 상인들은 값비싼 중국의 차를 구매했고, 이 과정에서 당시의 기축통화였던 은(銀)이 중국으로 대량 유입된다. 영국 상인들은 그 은을 회수하고자 중국에서 대량의 아편을 판매하는 만행을 저지르고, 중국 사회는 아편으로 인한 심각한 폐해를 겪는다. 이에 중국 당국이 나서 아편을 몰수하여 폐기하자 영국 상인은 보상을 요구하는 파렴치한 행동을 한다. 그러한 과정에서 충돌이 일어나며, 결국 영국과 중국 사이에서 전쟁이 벌어지니, 이것이 아편전쟁의 시작이다.

이 전쟁에서 동양의 맹주였을 뿐 아니라 세계적인 강국으로 여겨지던 청나라의 군대는 영국군에 속절없이 당하고, 최종적으로는 영국과 프랑스 연합군이 북경까지 진격하여 황제의 정원인 '원명원(圓明園)'을 파괴하고 약탈하는 지경까지 이르게 된다. 이러한 서구 열강의 강압에 굴복한 청나라는 '북경조약'(1860)이라는 굴욕적인 조약을 승인하게 된다. 이제 동양의 맹주로서의 중국은 없으며, 중국인들의 자존심은 땅에 떨어졌다. 이런 국면에 봉착한 일부 중국 지식인은 서양과 대등한 힘을 가진 중국을 건설해야 하며, 중국의 기성 문화에서 벗어나야 한다고 주장했다. 그리고 그들이 비판한 기성 문화의 중심에 공자의 사상이 있었다. 이러한 공자 사상에 대한 비판은 1919년 5·4운동 이후에는 본격적으로 전개된다.

유학을 비롯한 중국 전통 사회에 대한 비판자 가운데에는 중국의 대문호인 루쉰(魯迅, 1881~1936)도 있는데, 그는 중국 최초의 근대소설로 칭해지는 「광인일기(狂人日記)」(1918)에서 정신병을 앓고 있는 사람의 입을 빌려서 유교에 대한 비판을 가한다. 지금까지의 중국 역사를 보면 '인의도덕(仁義道德)'이라는 유가적 가치관을 내세워왔지만, 그 실상은 백성들의 고혈을 쥐어짜는 것이었고 심지어는 사람을 잡아먹는 것과 다르지 않았다고 비판한다. 그리고 다른 소설 「공을기(孔乙己)」(1919)에서는 책을 훔쳐서 술을 사 마시면서, 그러한 자신의 행동을 꾸짖는 사람들에게 '책 도둑은 도둑이 아니다'라는 터무니없는 핑계를 대는 공을기라는 인물을 주인공으로 내세운다. 루쉰은 그러한 공을기가 "군자는 아무리 궁해도 지조를 굽히지 않는다(君子固窮)"라는 『논어』의 구절(「위령공」편)을 입에 올리는 모습을 그림으로써, 유학의 허황됨을 비판했다.

　공자 사상에 대한 이러한 거부는 마오쩌둥(毛澤東, 1893~1976)에 의해 자행된 10년간의 '문화대혁명'(1966~1976) 기간에 극단적으로 드러난다. 마오쩌둥의 혁명 동지였다가 후에 반기를 든 린비아오(林彪, 1907~1971)와 그가 자주 인용한 공자에 대한 비판으로 1973년부터 전개된 '비림비공(批林批孔)' 운동은 공자와 그 사상을 봉건 잔재로 규정하고, 공자를 비롯한 과거의 유산을

문화대혁명 당시 공자를 비판하는 포스터. 포스터 속의 구호는 다음과 같다.
"린비아오를 비판하고 공자를 비판하는 투쟁을 끝까지 진행하자."

모두 부정하는 파괴적인 형태를 띠었다. 이 과정에서 곡부의
'공묘', '공부', '공림(孔林)'은 철저히 파괴되었다. 예컨대 홍위병
들이 공자와 그의 후손들의 공동묘지인 '공림'에 진입하여 가
장 최근에 매장된 공자 장손의 묘를 파헤쳐서 시신을 훼손하
고, 공자의 위패가 모셔진 '대성전'에서 공자의 소상을 끌어내
어 파괴하기도 했다. 그 이후 공자는 중국에서 봉건 잔재의 상
징으로 취급되었다.

공자학원과 천안문의 공자 동상

그런데 21세기 이후에 중국에서 공자는 다시 살아나고 있다. 중국어를 교육하고 중국 문화를 전 세계에 알리기 위해서 중국 정부가 세계 각국에 세운 교육기관의 이름이 '공자학원', '공자학당(영문명은 'Confucius Institute')'인 것이다. 국내에도 2004년 처음 설립되었고, 〈나무위키〉에 따르면, 2020년 4월을 기준으로 162개 국가에 545개의 공자학원, 1,170개의 공자학당이 설치되어 있다. 현재 문화 전파가 아니라 간첩 행위를 위한 기관이라는 혐의를 받기도 하지만, 여기에서 주목하는 점은 '공자'라는 명칭이 사용되었다는 것이다. 즉 봉건 잔재의 상징으로서 사회주의 중국에서 퇴출되었던 공자가 중국 문화의 대표자로서 재등장한 것이다.

2011년 1월 11일에 중국 천안문(天安門)광장에 등장한 공자 동상도 우리의 눈길을 끈다. 중국에 대해서 조금이라도 지식을 가진 이들은 천안문과 천안문광장을 알 것이다. 천안문은 중국 황제의 정궁이었던 '자금성(紫禁城)'의 정문이고, 1949년 10월 1일 마오쩌둥이 사회주의 중국인 '중화인민공화국'의 수립을 선언한 곳이며, 그 앞의 광장은 1989년 민주화를 외치다가 많은 사람들이 희생된 '천안문사태'가 발생한 곳이다. 이처럼 천

중국국가박물관 앞의 공자 동상.

안문과 천안문광장은 중국을 상징하며, 모택동기념관, 인민영웅기념비, 중국인민대회당, 중국국가박물관 등 중요한 건축물이 자리잡고 있다. 그런데 공자 동상이 천안문 광장의 '중국국가박물관' 앞에 세워진 것이다. 하지만 이 동상은 100일이 지난 4월 21일 이후에는 박물관 안쪽으로 이전되어 천안문광장에서 모습을 감추게 된다. 어째서 그리도 단시간에 다른 곳으로 이전되었는지 그 자세한 이유는 알 수는 없다. 다만 천안문광장에 공자의 동상이 등장했다는 것이 그의 부활을 의미한다는 것은 분명하다.

이처럼 문화대혁명 당시에 철저히 배척되었던 공자를 부활시키는 이유는 무엇일까? 그 이유가 현재의 중국 공산당 정권에게 공자가 필요하기 때문이라는 것은 분명하다. 하지만 그들이 공자와 그 사상의 어떤 측면을 필요로 하는지, 그리고 그 과정에서 공자를 왜곡하지는 않을지에 대해서는 두고 볼 일이다. 그전에 우리가 할 일은 공자 사상에 대한 적절한 이해일 것이다. 그래야만 만약에 자행되는 왜곡을 알아차릴 수 있을 것이니까.

이처럼 공자와 그가 창시한 유학은 폄훼와 배척을 겪기도 하지만 오랫동안 한국과 중국에서 지배 이념으로서 작동했다.

주인으로서 『논어』 보기

이제 '누가 세상을 이끌어야 하는가?' 절의 말미에 제기한 질문에 답을 해보자. 지배층의 도덕성 제고를 위한 학문인 유학 사상을 지배층도 아니고 정치에도 뜻이 없는 사람들이 알아야 할 이유가 무엇인가라는 질문에 대한 답 말이다.

질문에 답하기 위해서는 공자가 살던 사회와 우리가 사는 사회의 차이를 명확히 해야 한다. 차이의 핵심은 사회의 주인이 누구인가에 있다. 공자와 그 이후 근대화 이전까지 사회의 주인은 제왕과 그를 보좌하는 이들이었다. 조선 사회의 경우에는 왕과 사대부 양반이라 할 수 있으며, 이들이 지배층을 형성했다. '군자'로 표현되는 이들은 사회의 주인으로서 피지배층인 '소인(小人)'들을 도덕적인 사회로 이끌어야 할 임무를 지고 있었다. 그리고 이러한 임무를 수행하기 위해서는 이들이 먼저 도덕적으로 무장해야 했다. 즉 도덕적 사회를 꿈꾼 공자는 그러한 사회를 위해서 우선 사회의 주인인 지배층이 도덕적이어야 함을 주장했다.

그렇다면 현재 우리 사회의 주인은 누구인가? 21세기인 현재에도 일부 지식인과 정치인은 자신들만이 이 사회의 주인이라는 사고에서 헤어나오지 못하고 있다. 물론 대다수의 국민을 통치 대상으로 여기는 사고를 대놓고 드러내지는 못하지만, 그들의 언행이나 정책에서 이러한 사고는 은연중에, 때로는 적나라하게 드러난다. 사실 이러한 사고는 시대착오적일 뿐 아니라 우리 사회의 체제를 부인하는 매우 위험한 것이다. 이들이 어떤 생각을 하건 우리 사회의 주인은 '대한민국(大韓民國)'이라는 국호에도 명시되어 있다. 일제에 의해 국권을 침탈당할 당시의 국호인 '대한제국(大韓帝國)'이 황제가 주인인[帝] 나라[國]임을 표방했다면, 1919년 4월 11일 상해 임시정부의 출범에서부터 사용된 이 국호는 국민이 주인인[民] 나라[國]를 표방한다.

국가 사회의 주인이 국민이라는 사고를 이해하기 위해서

서양의 근대 철학자 존 로크(John Locke, 1632~1704)의 '사회계약론'을 살펴보는 것도 도움이 될 것이다. 로크는 사람들이 자신을 보존하기 위해서 생명, 자유, 소유물이 보장되어야 한다고 생각했다. 하지만 정치권력이 존재하기 이전의 '자연 상태'에서 사람들은 생명, 자유, 소유물을 안정적으로 보장받지 못했다. 따라서 이들은 생명 등을 안정적으로 보장받기 위해서 국가 사회를 형성한다. 즉 국가란 개인들이 자신의 생명 등 자기보존에 필요한 것을 지키기 위해서 만든 것이다. 따라서 국가 사회를 만든 개인들은 국가 사회의 주인이며, 국가 사회의 운영, 즉 정치에서의 주체 역시 개인들이다. 이렇게 해서 국가 사회의 주인은 국가 사회를 구성하는 개인, 시민들이라는 민주주의가 도출되는 것이다.

이처럼 민주주의 사회에서 모든 사람은 이 사회의 주인이며, 정치적 주체이다. 이전 사회의 용어를 빌려 표현하자면, 이 사회를 구성하는 우리 모두가 군자이다. 군자로서의 우리는 국가 사회 운영의 주체이며, 선출된 일부 정치인은 우리를 대신해 우리의 의지를 실행한다. 따라서 현실에서의 정치인은 우리로부터 위임받은 권한을 행사할 수 있을 뿐이며, 우리의 뜻을 제대로 행사하지 못하거나 우리 뜻에 반하는 행태를 보일 때에는 탄핵될 수도 있다.

그런데 현대 사회에서의 군자는 과거 신분제 사회에서의 군자와는 다른 성격을 띨 수밖에 없다. 신분제 사회에서의 군자는 피지배층인 소인이 생산한 노동 산물을 누릴 수 있었기 때문에 생계를 위한 노동에서 면제되었다. 하지만 신분제가 철폐된 현대 사회에서 군자를 먹여줄 소인은 더 이상 없다. 이제 모든 사람이 자신과 가족의 생존을 위해서 직접 노동에 참여해야 하는 소인이다. "군자는 옳음에 관심을 갖고 소인은 이익에 관심을 갖는다"(「이인」)는 공자의 언급을 활용하여 표현한다면, 현대인들은 군자로서 이 사회가 어떻게 운영돼야 옳은지를 고민하는 한편, 소인으로서 어떻게 해야만 나와 내 가족에게 이익이 될지를 고민하는 존재이다.

이처럼 우리는 모두가 군자이며 동시에 소인이다. 돈을 지상의 가치로 여기는 자본주의 사회를 살아가는 우리에게 소인으로서의 삶은 결코 무시할 수 없다. 다만 우리가 소인으로서의 삶에만 갇힌다면, 자신들만이 군자라고 우기면서 우리를 소인의 영역에 계속 가둬두고서 자신들의 이익을 추구하는 세력이 절호의 기회를 잡을 것이다. 옳고 그름이 명확히 구분되는 상황에서조차 자신에게 이로운가 불리한가만을 따진다면, 누군가는 그것을 활용하여 우리 사회를 병들게 하고, 그 결과 우리의 삶은 더욱 병들어간다는 것을 우리는 잘 알고 있다.

생존을 위해서 이익을 추구하는 소인의 삶을 살아야 하는 우리가 군자로 살기 위해서는 결단이 필요하다. 눈앞의 사소한 이익 때문에 옳음을 외면하지 않는 삶, 『논어』는 그러한 삶의 길로 안내하는 책이라고 할 수 있다.

2장

『논어』 읽기

『논어』 첫 장의 중요성

『논어』의 첫 편인 「학이(學而)」의 첫 장은 다음과 같다.

선생님께서 말씀하셨다. "배우고 때때로 익히면 또한 기쁘
지 않은가? 벗이 먼 곳에서 찾아오면 또한 즐겁지 않은가?
남들이 알아주지 않아도 노여워하지 않으면 또한 군자답지
않은가?(子曰, 學而時習之, 不亦說乎. 有朋自遠方來, 不亦樂乎. 人不知而不慍, 不亦
君子乎.)"

이 장은 세 문장으로 이뤄져 있어서 독립된 세 장이라고 착각할 수 있다. 하지만 '선생님께서 말씀하셨다'는 의미의 '자왈(子曰)'이 세 문장을 아우르고 있기 때문에, 현행본 『논어』에서처럼 하나의 장으로 보는 것이 옳다. 그런데 이 세 문장의 내용 사이에는 별 연관성이 없고, 따라서 공자가 이러한 말을 같은 시간과 장소에서 하지 않았으리라는 것은 쉽게 추측할 수 있다. 그렇다면 『논어』를 편찬한 이들은 왜 이 세 문장을 하나로 묶어서 제일 앞에 배치했을까? 아마 편찬자들이 보기에 이 세 문장이 공자의 사상을 드러내는 데 가장 적합하기 때문일 것이다.

현재 우리가 공자를 가장 잘 파악할 수 있도록 해주는 자료는 『논어』이다. 그리고 공자의 재전제자들이 자신들이 기억하는 공자의 언행 가운데 그를 가장 잘 드러내준다고 생각한 것을 모아서 편찬한 것이 『논어』일 것이다. 우리가 접하는 공자는 재전제자들의 편찬 과정을 거쳐 소개된 공자인 것이다. 그렇다면 공자를 소개하는 편찬자들이 가장 먼저 거론한 이 장의 내용에 따라서 『논어』와 공자를 이해하는 것도 의미가 있을 것이다.

이 책에서는, 『논어』의 첫 구절을 이 세 문장으로 결정한 편찬자들의 소개를 따라서, 공자의 사상을 '학습(學習)', '벗(朋)',

'군자(君子)'로 나누어 살펴보고자 한다. 그리고 『논어』에 나타난 공자 사상의 최종적인 귀결이 '군자'에 있음을 말할 것이다. 즉 '학습'하고 '벗'과 교유함으로써 공자가 추구했던 것이 이상적인 인간인 '군자'라는 점을 말하고자 한다.

학습의 기쁨

배우고 때때로 익히면 또한 기쁘지 않은가?(學而時習之, 不亦說乎.)

음악에 빠져 고기 맛을 모르다

『논어』를 읽기로 결심하고 책을 펼쳤는데 처음부터 이런 말이 나와서 책을 덮어버렸다고 반농담을 하는 사람도 있다. 어려서부터 강압적인 분위기에서 입시 위주의 교육으로 내몰린 이들에게 '학습'의 기쁨이란 받아들이기 힘들 것이다. 하지만 여기에서의 학습은 영어 단어나 수학 공식을 암기하고 시험을 준비하는 것만을 의미하지 않는다. 우리는 운동, 취미, 악기, 심지어는 도박조차도 누군가에게 배우고, 그것을 익힌다.

　클래식 기타를 예로 들어보자. 클래식 기타 동호인들에게 기타를 배우게 된 계기를 물어보면 「알함브라 궁전의 추억」의 선율에 매료되었기 때문이라는 답변이 많이 나온다. 우연히 들은 음악의 선율에 매료된 사람은 우선 기타를 장만해서 학원이나 서적, 유튜브 등을 통해서 기타 연주하는 법을 배운다[學]. 하지만 배웠다고 당장 음악을 연주하는 수준에 이를 리는 없고 그것을 익히는[習] 과정을 거쳐야 한다. 주희는 『논어집주』에서 "습(習)이란 새가 자주 날갯짓하는 것이다. 새가 자주 날갯짓하는 것처럼 배운 것을 버려두지 않는 것이다.(習, 鳥數飛也. 學之不已, 如鳥數飛也.)"고 해석한다. '습(習)' 자 안의 '깃 우(羽)' 자에 주목하여 새끼새가 막 깃털이 돋아난 날개를 자주 퍼덕여서 나는 연습을 하는 것처럼 배운 것을 쉼없이 익히는 것을 표현한다고 풀어낸 것이다. 이처럼 배운 연주법을 수시로 반복하는 과정은 결코 녹록잖으며 매우 고통스러울 수 있다. 기타 줄을 튕기고 짚는 손가락에 피멍이 들기도 한다. 옆에서 그 모습을 보는 벗이나 부모님이 "그걸 한다고 밥이 나오니?"라고 핀잔을 주더라도 밤낮없이 거기에 심취한다. 물론 그 결과 「알함브

소(韶)

다음과 같은 공자의 말이 있다. "선생님께서 '소' 음악에 대해서는 '아름다움을 다했고 선함을 다했다'고 하시고, '무' 음악에 대해서는 '아름다움을 다했지만 선함을 다하지는 못했다'라고 하셨다."(子謂韶, 盡美矣, 又盡善也. 謂武, 盡美矣, 未盡善也.) (「팔일」) '소'는 순(舜)임금을 기리는 음악이고 '무'는 주나라의 무왕(武王)을 기리는 음악이다. 두 사람이 모두 도덕적이고 태평한 세상을 만든 성왕(聖王)이기 때문에 공자는 그들을 기리는 음악이 '(형식적으로) 아름다움을 다했다'고 평가했다. 다만 순임금이 선대 임금인 요(堯)로부터 평화적으로 왕위를 물려받은 것과는 달리, 무왕은 은(殷) 왕조의 마지막 임금인 주(紂)를 폐위시키고 주 왕조를 세웠다. 이러한 무왕의 방식은 신하가 자신이 모시던 왕으로부터 권력을 쟁취하는 것이기 때문에 그를 기리는 음악에 대해서 '(내용적으로) 선함을 다하지는 못했다'고 평가했다.

라 궁전의 추억」을 멋지게 연주하게 되었을 때의 기쁨은 당연하겠지만, 실제로 그런 경지에 오르기는 쉽지 않다. 그보다 그 과정 자체에서 느끼는 기쁨은 역시 겪어본 사람만이 알 것이다.

공자 역시 음악에 푹 빠진 적이 있다.

선생님께서 제나라에서 '소' 음악을 들었는데, (그것을 배우는) 석 달 동안 고기 맛을 모르셨다. (선생님께서) 말씀하셨다. "음악을 하는 것(배우는 것)에 이렇게 심취하게 될 줄은 몰랐구나."(子在齊聞韶, (學之)三月不知肉味. 曰, 不圖爲樂之至於斯也.)(「술이」)

얼마나 음악 배우기에 심취했기에 고기 맛을 모를 정도였을까? 물론 스스로를 "그 사람됨이 어떤 일에 열중하면 밥먹는 것을 잊고 즐거움 때문에 걱정거리를 잊으며 늙어가는 사실조차 알지 못한다.(其爲人也, 發憤忘食, 樂以忘憂, 不知老之將至云爾.—「술이」)"라고 말한 공자였기에 이런 태도가 가능했다고 할 수도 있다. 하지만 공자가 아니더라도, 앞서 말했듯이 무언가를 배우고 익히는 데 심취해본 경험이 있는 이라면, 이 말에 동의할 수 있을 것이다.

배움은 모름을 아는 것에서 출발한다

그렇다면 우리는 왜 고통스러운 과정을 감수하면서까지 무언가를 배우고 익히는 것일까? 좀 허망한 답변일 수 있지만, 그 무언가를 모르기 때문, 달리 말하면 그것이 내게 결핍되어 있기 때문이다. 무언가를 알아가는 것이 배움이고 배운 것을 체득하는 것이 익힘이라면, 배움과 익힘은 결국 나의 결핍을 보충해주는 것이다. 그리고 내가 배움에 나서기 위해서는 나의 결핍, 나의 무지함을 아는 것이 우선되어야 한다.

선생님께서 말씀하셨다. "유야. 너에게 앎을 가르쳐줄까? 아는 것을 안다고 하고, 모르는 것을 모른다고 하는 것이 아는 것이란다."(子曰, 由, 誨女知之乎. 知之爲知之, 不知爲不知, 是知也.)(「위정」)

이 문장에서 '유'는 공자의 제자인 자로이다. 매우 강한 성격으로서 자신이 잘 모르는 것도 아는 것처럼 우기는 경우가 있어서 공자가 이처럼 조언한 것으로 보인다. 아는 것을 안다고 하고 모르는 것을 모른다고 하는 자세는 매우 쉬워보인다. 하지만 과연 그런가? 남과 대화를 할 때 잘 모르는 것을 아는 체한 경험이 없는 사람은 많지 않을 것이다. 나의 무지가 드러나서 상대에게 무시당하지나 않을까 하는 우려 때문에, 혹은 상대를 이기고 싶은 마음 때문에, 나는 아는 체한다. 하지만 아는 척한다고 해서 나의 무지가 영원히 감춰지지는 않는다. 그리고 이런 감춤이 계속되면 그에 익숙해진 나 역시 그에 속아서 실제로는 모르는 것을 '안다'고 착각하게 된다. 내가 어떤 것을 안다면, 나는 그것을 배울 필요가 없다. 따라서 나의 무지를 감추고 아는 체하는 것은 내가 몰랐던 것을 배울 기회를 걸어차는 것과 같다. 그리고 이런 태도가 계속된다면 나는 새로운 어떤 것을 배울 기회를 갖지 못하며, 결국 나의 지적 성장은 멈출 수밖에 없다.

우리는 일상에서 이런 사람들을 쉽게 본다. 새로 접하는 사물이기 때문에 그에 관한 지식이 없는 것이 분명한데도 자신의 알량한 지식을 근거로 그것을 억측하고 재단하는 사람들 말이다. 이들은 자신이 모른다는 사실을 인정하지 않으며, 따라서 새로운 지식을 습득할 필요를 느끼지 못한다. 오로지 남들에게 자신의 생각만을 강요할 뿐이다. 우리는 이들을 '꼰대'라고 부른다. 꼰대들은 모든 것을 아는 체하지만, 실제로는 아는 게 거의 없다. 심지어 자신이 모른다는 사실조차 모른다. 자신의 무지를 안다는 것은 새로운 것을 배우고 알기 위한 출발점이라고 할 수 있다.

배움에는 대상을 가리지 않는다

그런데 많은 사람이 나이가 들어가면서 '꼰대'가 되는 현실로 보건대, 자신이 모른다는 것을 솔직히 인정하고 배우려는 자세를 갖는 것이 쉽지만은 않은 것 같다. 그래서인지 공자는 위나라 대부 공어(孔圉)처럼 사생활이 난삽했던 사람의 시호(諡號)가 '문자(文子)'인 이유를 묻는 제자 자공에게 다음처럼 대답한다. '영민한데도 배우기를 좋아하고, (높은 지위에 있으면서도)

아랫사람에게 묻는 것을 부끄러워하지 않았기[不恥下問]'(「공야장」)
때문이라고 말이다. 타고난 자질이 영민하면 자기 재주에 취해
서 남에게 배우기를 좋아하지 않는 경우가 많고, 윗자리에 있
는 사람이 아랫사람에게 묻는 것을 수치스러워하는 경우가 많
은데, 공어라는 인물은 그렇지 않았다는 것이다. 그래서 그가
비록 난삽한 행위를 했지만, 죽은 후에 '문자'라는 시호를 받을
수 있었다는 것이다.

이처럼 공자는 아랫사람에게도 배우는 자세를 높이 평가했
을 뿐 아니라, 잘못된 행동을 하는 사람에게도 배워야 한다고
말한다.

> 선생님께서 말씀하셨다. "세 사람이 길을 가면 반드시 그 가
> 운데 내 스승이 있다. 그중 선한 사람을 택하여 그를 따르고,
> 선하지 않은 사람을 택하여 내 잘못을 고친다."(子曰, 三人行, 必有
> 我師焉, 擇其善者而從之, 其不善者而改之.)(「술이」)

잘 알려진 구절로서, 참 재미있는 내용을 담고 있다. 우리
는 일상에서 "좋은 친구를 사귀어야 한다"는 말을 한다. 물론
'좋은 친구'가 구체적으로 어떤 친구를 말하는지는 사람에 따
라 달라질 수 있을 것이지만, 내게 본보기가 되어 나의 지적,

인격적 성장에 도움이 되는 친구라는 것은 분명하다. 이런 사람을 보면 당연히 그 사람처럼 되기 위해 노력해야 한다. 그런데 이 구절에서 공자는 나보다 나은 사람만이 아니라 나보다 못한 사람에게도 배울 점이 있다고 한다. 동행하는 사람이 못된 짓을 한다면, 대부분의 사람들은 얼굴을 찌푸리며 그와 거리를 두고 동행하지 않으려고 할 것이다. 그런데 공자는 그 사람도 내 스승이라고 한다. 그 이유는 그 사람이 내게 하지 말아야 할 것이 무엇인지를 가르쳐주었기 때문이다. 나에게 하지 말아야 할 것이 무엇인지를 자신의 행동으로 보여줌으로써, 내가 그런 잘못을 저지르지 않도록 가르쳐준다는 것이다. 아래의 구절도 유사한 내용을 담고 있다.

> 선생님께서 말씀하셨다. "현명한 이를 보면 그와 같아질 것을 생각하고, 현명하지 않은 이를 보면 마음속으로 스스로를 성찰한다."(子曰, 見賢思齊焉, 見不賢而內自省也.)(「이인」)

현명하지 않은 이를 보면 그를 거울삼아 내게도 그러한 면이 있지 않은가를 스스로 반성해본다는 의미이다. 이 구절들은 우리가 잘 알고 있는 '반면교사(反面教師)'나 '타산지석(他山之石)'이라는 말을 떠올리게 한다.

배움을 통해 성인의 경지에 오른다

사실 자신보다 지위가 낮거나 현명하지 못한 사람이더라도, 그를 보고 스스로를 성찰하는 태도가 바람직하다는 것을 모르는 사람은 없다. 하지만 그것을 실천하는 것이 쉽지는 않다. 그렇다면 이러한 어려움을 극복하면서까지 배워야 한다면, 그 배움이 나에게 무엇을 가져다주기 때문일까? 즉 배움의 목적은 무엇일까? 공자는 제자 안회의 모습을 통해 그 실마리를 보여준다.

> 애공이 물었다. "제자들 가운데 누가 배우기를 좋아합니까?" 공 선생님께서 대답하셨다. "안회라는 자가 있었는데, 배우기를 좋아했지요. (자신의) 노여움을 남에게 옮기지 않았고, 같은 과오를 두 번 되풀이하지 않았습니다. 불행히도 단명하여 죽었습니다. 지금은 없으니, 배우기를 좋아하는 자에 대한 소문을 듣지 못하겠습니다."(哀公問, 弟子孰爲好學. 孔子對曰, 有顏回者好學, 不遷怒, 不貳過, 不幸短命死矣, 今也則亡, 未聞好學者也.)(「옹야」)

우선 '배우기를 좋아하는[好學]' 제자로서 안회만을 꼽았음에 주목할 필요가 있다. 앞서 살펴본 것처럼 제자 가운데 높은 수준에 오른 이들이 70여 명인데, 공자는 많은 제자 가운데 오직 안회만을 배우기를 좋아하는 자라고 인정했다. 그리고 그 이유를 안회가 '노여움을 남에게 옮기지 않고, 같은 과오를 두 번 되풀이하지 않았'기 때문이라고 했다. 이는 배움에 심취함으로써 얻게 된 결과를 말함으로써, 배움의 최종 목적이 무엇인가를 보여준다. 내 기분이 나쁘다고 해서 애꿎은 사람에게 화풀이를 하거나 같은 과오를 되풀이하는 것은 우리가 일상에서 흔히 저지르는 잘못이다. 하지만 안회처럼 배우기를 좋아하는 사람은 이러한 잘못을 저지르지 않는다는 것이다. 그렇다면 안회가 좋아한 배움은 무엇이었기에 이런 경지에 이를 수 있었을까? 이런 경지는 입시나 취업을 위한 학습으로 도달할 수 있는 게 아니며, 애초에 이런 식의 학습과는 목적 자체가 달랐던 것이다.

이에 대해서 공자는 좀 더 친절히 알려준다.

> 선생님께서 말씀하셨다. "나는 열다섯 살에는 배움에 뜻을 두었고, 서른 살에는 뜻을 확립했고, 마흔 살에는 유혹에 흔들리지 않았고, 쉰 살에는 하늘의 명령을 알았고, 예순 살에는 귀가 순해졌고, 일흔 살에는 마음 내키는 대로 하더라도 법도를 넘지 않게 되었다."(子曰, 吾十有五而志于學, 三十而立, 四十而不惑, 五十而

知天命, 六十而耳順, 七十而從心所欲, 不踰矩.)(「위정」)

　　우리가 일상에서 나이 마흔, 쉰, 예순을 표현할 때 사용하는 '불혹', '지천명', '이순' 등이 언급된 장이다. 이 장은 공자가 스스로를 '생이지지자'가 아니라고 말한 부분과 연결시켜서 살펴보면 쉽게 이해가 된다.(子曰, 我非生而知之者.—「위정」) '생이지지자'는 말 그대로 '나면서부터 (세상의 이치를) 아는 자', 즉 성인(聖人)을 지칭한다. 당시에도 공자를 '생이지지자'라고 여기는 사람이 있었는데, 공자 자신은 이를 부인한다. 대신 열다섯 살의 나이에 배움에 뜻을 두었고, 그 이후에 지적, 인격적으로 성장했음을 말한다. 이렇게 말함으로써 제자들을 비롯한 다른 사람들 역시 노력을 통해 자신과 같은 경지에 오를 수 있음을 보여준 것이다.

　　그런데 이 장의 내용에 따르면, 공자는 배움에 뜻을 둔 열다섯 살 이후에는 다른 어떤 것에 의도적으로 뜻을 두지 않았다. 열다섯 살에 배움에 뜻을 두고 계속 노력해 나아가자, 나이 서른에는 그 뜻이 확고하게 수립됐고, 마흔에는 외부의 유혹에 흔들리지 않게 되었고, 쉰에는 하늘이 나에게 요구하는 것이 무엇인지 알게 되었고, 예순에는 모든 것을 거슬림 없이 받아들이게 되었고, 일흔에는 결국 내 멋대로 하더라도 법도에 어굿나지 않게 되었다는 것이다. 이처럼 공자를 인격적, 지적으로 성장할 수 있게 한 것은 '배움에 뜻을 둔 것'이었다. 배움에 뜻을 두고 계속 노력하자 자연스럽게 성장하여 '마음 내키는 대로 하더라도 법도를 넘지 않는' 경지에까지 이른 것이다. 그리고 이 경지는 바로 법도와 내가 하나가 되는 성인이다. 따라서 공자에게 배움의 최종 목적은 성인이라 할 수 있으며, 성인은 타고나지 않더라도 배움이라는 노력에 의해 도달할 수 있는 경지이다.

배움과 가르침은 하나이다

공자에서의 배움이 성인이라는 인격적 완전체를 지향한다면, 가르침도 당연히 같은 목적을 갖는다고 할 수 있다. 배움과 가르침은 상반된 것 같지만, 이 둘은 함께 진행된다. 배움이 누군가에게 가르침을 구하는 것이고, 가르침이 누군가의 배우고자 하는 욕구를 충족해주는 것이라면, 배움과 가르침은 서로 떼어놓고 이야기될 수 없다. 그리고 배우고 가르치는 내용과 배우고 가르침을 통해서 이루고자 하는 목적 역시 같을 수밖에 없다. 공자는 자신의 학습 성과를 제자들에게 교육하여 지배층다운 덕목을 지닌 이들로 기르고자 했으며, 다른 한편으로는 제자들과의 대화 속에서 자극을 받아서 스스로를 성장시켰다. 『논어』를 공자의 제자 교육을 기록한 책이라고도 말할 수 있는 이유이다.

> 선생님께서 말씀하셨다. "묵묵히 이해하고, 배움에 싫증을 내지 않고, 다른 사람을 가르침에 게으름을 피우지 않는 것이 어찌 나에게 있겠는가!"(子曰, 默而識之, 學而不厭, 誨人不倦, 何有於我哉.(「술이」)

여기에서 공자는 배우고 교육할 때 어떤 자세로 임해야 할 것인가를 말하고 있다. 그는 배움과 가르침에 싫증을 내거나 게으름을 피우지 않는 태도가 자신에게는 갖춰지지 않았다고 말하는데, 주희는 이 말이 공자의 겸손함을 드러내는 것이라고 해석한다. 물론 그렇게 해석할 수도 있겠지만, 이러한 태도가 자신에게 갖춰지지 않았으니 이런 태도를 갖추기 위해서 더욱 노력하겠다는, 즉 배우고 가르침에 더욱 노력하겠다는 공자의 다짐으로 보는 것이 적절할 것이다. 그리고 이 문장에서는 '배움'과 '싫증내지 않음', '가르침'과 '게으름을 피우지 않음'을 연결시켜서 논급했지만, "배움과 가르침에 싫증을 내거나 게

으름을 피우지 않음"이라고 해석해도 무리가 없다. 배움의 자세와 가르침의 자세는 결코 분리되지 않는 것이다.

차별 없는 교육

앞서도 언급했듯이 공자의 제자들은 신분, 빈부, 교육 수준에서 다양한 면모를 띤다. 물론 이것은 혼란기인 당시 사회에서 상대적으로 활발한 신분 변화가 있었기 때문이기도 하지만, 교육에서 차별을 두지 않는 공자의 태도에 기인했다고 볼 수 있다.

> 선생님께서 말씀하셨다. "속수 이상을 바친 자들에게는 내가 일찍이 가르치지 않은 적이 없다."(子曰, 自行束脩以上, 吾未嘗無誨焉.) (「술이」)
>
> 선생님께서 말씀하셨다. "가르침을 펼침에 차별을 두지 않았다."(子曰, 有敎無類.)(「위령공」)

첫 장에서의 '속수'란 말린 고기 다발로서, 당시에 누군가를 찾아가서 가르침을 청할 때 바치는 최소한의 예물이었다고 한다. 어떤 사람이 찾아와서 최소한의 예를 갖춰서 가르침을 구한다면 공자는 그 사람의 신분이나 지위, 빈부를 따지지 않고 가르침을 베풀었다는 것이다. 그리고 둘째 장에서는 차별 없는 가르침을 시행했다는 점을 직설적으로 표현하고 있다.

그렇다고 공자가 자신의 지식이나 지혜를 누구에게나 마구잡이로 퍼주듯이 교육했다고 오해해서는 안 된다. 피교육자의 신분이나 지위를 따지지 않았을 뿐이지, 역량이나 배우고자 하는 의지를 중시하지 않았던 것은 아니다.

우선 공자는 사람의 타고난 역량 차이를 인정했다. 그의 구분에 의하면, 나면서부터 아는 자가 있고, 배워서 아는 자가 있고, 몰라서 답답하기 때문에 배우려는 자가 있고, 몰라서 답답한데도 배우려 하지 않는 자가 있다.(「계씨」) 그리고 타고난 자질이 최고 수준인 사람과 최하 수준인 사람은 바뀌지 않으며,(「양화」) 중간 이상의 수준에 오른 사람에게만 높은 수준의 것을 말해줄 수 있다(「옹야」)고 한다. 사실 역량의 차이를 인정하지 않고 낮은 수준의 사람에게 높은 수준의 가르침을 베풀면 그 사람은 가르침을 받아들일 수 없을 것이며, 반대로 높은 수준의 사람에게 낮은 수준의 가르침을 베풀면 싫증을 낼 수밖에 없을 것이다. 『논어』를 읽어보면 알 수 있겠지만, 공자의 교육은 대부분 '1 : 1'의 대화 방식으로 이뤄지며, 그 제자의 역량과 고민 정도에 따라 말하는 내용이 달라진다.

고민하지 않는 자에게는 가르치지 않는다

특히 그는 문제를 스스로 해결하려고 고민하지 않는 이에게는 가르침을 베풀지 않았다.

> 선생님께서 말씀하셨다. "깨치려고 노력하지 않으면 깨우쳐주지 않고, 말로 표현하려고 애쓰지 않으면 말문을 틔워주지 않는다. 한 귀퉁이를 거론했는데 (나머지) 세 귀퉁이를 추론해내지 못하면 다시 말해주지 않는다."(子曰, 不憤不啓, 不悱不發, 舉一隅, 不以三隅反, 則不復也.)(술이)

여기에서의 '분(憤)'은 무언가를 깨치고자 노력하는데 미처 깨치지 못한 상태, 그리고 '비(悱)'는 마음으로는 이해했지만 말로 표현하지 못하는 상태를 가리킨다. 더 자세히 설명하자면, 무엇인가에 대해서 탐구하여 거의 이해했는데 미진한 부분이 있어서 답답한 상태가 '분'이며, 이해해서 말로 표현하고 싶은데 적절한 말이 생각나지 않아서 답답한 상태가 '비'이다. 이 글을 읽는 독자도 이와 유사한 상태를 경험해봤을 것이다. 문제를 거의 해결한 것 같은데 하나에서 막혀서 시원하게 풀리지 않을 때, 내 기분이나 상태를 말하고 싶은데 적절한 표현이 떠오르지 않을 때 느끼는 답답함 말이다. 그런데 여기에서 말하는 '분'과 '비'는 그보다 더한 답답함이다. 어떤 문제에 대해서 치열하게 고민해온 사람의 답답함이다. 그리고 이러한 치열한 고민을 한 사람에게 스승이 던져주는 간단한 실마리는 그의 머릿속을 환하게 밝혀줄 것이며, 그의 말문을 시원하게 틔워줄 것이다. 스승이 사각형 탁자의 한 귀퉁이를 가리키면 나머지 세 귀퉁이를 스스로 생각해내기 위한 고민과 노력이 필요한 것이다. 그래서 공자는 "'어떡하지? 어떡하지?'라고 말하지 않는 자에게는 내가 어떻게 해줄 방도가 없다."고 했다.(不曰 如之何, 如之何者, 吾末如之何也已矣.—「위령공」) 어떤 문제에 대한 스스로의 고민과 그 고민을 해결하고자 하는 노력이 선행되고 나서야 가르침이 시행될 수 있다.

그래서인지 같은 문제에 대한 공자의 답변은 제자에 따라 달라진다. 그만큼 제자들이 처한 상황과 고민이 달랐기 때문일 것이다. 예컨대 '효(孝)'에 대한 제자들의 질문에 공자는 '예를 어기지 않음으로써 부모님이 사회적 지탄의 대상이 되시지 않도록 하는 것', '부모님이 자식의 건강 때문에 걱정하시지 않도록 하는 것', '부모님을 공경하는 것', '부모님을 대할 때 낯빛을 온화하게 하는 것' 등으로 대답한다. 각 제자들의 부족한 점을 보완하는 내용으로 답변한 것이다. 이처럼 공자는 제자의 고민 수준과 장단점을 고려하여 가르침을 베풀었다.

여기에서 우리는 후대에 '만세사표'로서 추앙되는 공자의 면모를 볼 수 있다. 만세사표를, 『논어』에 담긴 공자의 말씀이 영원토록 우리에게 귀감이 된다는 의미로 해석하기보다는, 공자의 스승으로서의 태도가 우리에게 귀감이 된다는 의미로 해석하는 것이 적절할 것이다. 사실 시공간적 한계를 가질 수밖에 없는 공자의 말을 모두 금과옥조로 여기는 것도 매우 어리석은 자세이다.

무엇을 배웠을까?: 시서예악과 육예

그렇다면 공자의 제자들이 배웠던 교과목은 무엇이었을까? 지금의 학교처럼 일정한 교과서와 교과과정이 있었던 것은 아니겠지만, 『논어』의 내용과 후대 학자의 언급을 통해 그 대강을 추론할 수는 있다.

그 하나가 '시서예악'이다. 하루는 진항(陳亢)이라는 제자가 공자의 아들 리(鯉)에게 아버지인 공자로부터 따로 가르침을 받은 게 있는지를 묻는다. 이에 리는 시(詩)와 예(禮)를 배워야 한다는 말씀을 들었다고 답한다. 시를 배워야 자신의 생각을 잘 표현할 수 있고, 예를 배워야 적절히 처신할 수 있다는 것이다.(「계씨」) 사실 이러한 시와 예를 학습해야 한다는 가르침은 자식만이 아니라 모든 제자들에게 시행되던 것이다.

공자 문하의 교육에서 시와 예가 중요했음은 후대의 사마천도 명시하고 있다. 『사기』「공자세가」에는 "공자는 시, 서, 예, 악을 가르쳤다. 그 제자가 대략 삼천 명인데, 육예에 통달한 이가 일흔두 명이었다.(孔子以詩書禮樂敎, 弟子蓋三千焉, 身通六藝者七十有二人)"라는 기록이 있다. 여기에서의 시, 서, 예, 악은 각각 『시경』, 『서경』, 『예기』, 『악기』라는 책으로 해석할 수도 있는데, 그것이 무엇을 가르키건, '시'와 '예'를 배워야 함을 강조했다는 앞서의 리의 언급과 부합한다.

그런데 사마천은 여기에 육예(六藝)를 더하여, 삼천이나 되는 제자들 가운데 육예에 통달한 이가 일흔두 명이라고 함으로써, 육예가 공자의 제자들이 학습해야 할 중요 과목이었음을 명시했다. 육예는 일반적으로 '예악사어서수(禮樂射御書數)'를 가리키는데, 여기에서의 '예'란 기본적인 예절이나 에티켓을, '악'은 음악을, '사'는 활쏘기를, '어'는 말이나 수레 몰기를,

'서'는 글쓰기나 서예를, '수'는 산술이나 수학을 뜻한다.

　이 육예는 당시의 지배층이 익혀야 할 일종의 교양이라 할 것이다. 공자 문하의 교과목은 이처럼 지배층으로서의 군자가 갖춰야 할 기본적인 교양이라고 할 수 있다.

교우의 즐거움

"벗이 먼 곳에서 찾아오면 또한 즐겁지 않은가?"(有朋自遠方來, 不亦樂乎.)

이 구절의 내용은 친구를 좋아하는 사람이라면 충분히 공감할 것이다. 벗이 천릿길을 멀다 하지 않고[不遠千里] 나를 보겠다고 찾아왔을 때의 즐거움 말이다. 그런 상황에서 술을 마실 줄 아는 사람이라면 당연히 아껴둔 좋은 술을 꺼내어 마주 앉아 즐길 것이다. 아니, 구태여 좋은 술이 아니라 소박한 술과 안주라도 그 자리의 즐거움은 이루 말할 수 없을 것이다. 우리는 상상할 수 있다. 술에서만큼은 한정된 양이 없고 취해서 주사를 부리는 일이 없었을 정도였던(唯酒無量, 不及亂.―「향당」) 공자가 멀리서 찾아온 벗을 마주하고서 즐겁게 술잔을 기울이는 모습을 말이다.

벗으로서의 제자들

그런데 『논어』를 읽어보면 공자의 벗이라 할 만한 인물은 등장하지 않는다. 벗이라고 하면 같은 또래를 떠올리는 우리에게 공자가 허물없이 대화를 나누는 또래의 인물이 『논어』에는 잘 보이지 않는 것이다. 따라서 읽는 이로 하여금 공자에게는 벗이 없었던 것은 아닐까 하는 의심을 품게 하기도 한다. 과연 그럴까? 이에 대해 답을 한다면, 그렇지 않다. 만약 벗이 없었다면 벗이 먼곳에서 찾아왔을 때의 즐거움을 말하지도 않았을 것이다. 그리고 "덕이 있는 사람은 외롭지 않고 반드시 이웃이 있다(德不孤, 必有隣.―「이인」)"고 했듯이, 공자와 같은 이에게 벗이 없었을 리는 만무하다. 『논어』를 잘 읽어보면 그 벗들을 쉽게 찾을 수 있으니, 바로 제자들이다.

현재 우리는 스승과 제자의 관계라고 하면 상하관계의 엄격성을 떠올리곤 한다. 권위적인 스승과 절대복종하는 제자의 관계 말이다. 물론 『논어』에도 공자의 위대함에 대한 제자의 극단적인 칭송이 담긴 구절이 있다. 예컨대, 안회는 공자에 대해서 "우러러볼수록 높이 계시며, 뚫을수록 견고하시며, 앞에 계신 것을 보았는데 홀연히 뒤에 계시는구나."(「자한」)라고 하여, 자신이 아무리 노력해도 미치지 못할 것 같은 공자의 위대함을 형용했다.

그런데 『논어』에 등장하는 공자의 모습은 대부분 진솔하게 제자들과 함께하는 것이다. 이처럼 제자들에게 진솔하게 대했음에도 불구하고 자신의 진솔함을 믿지 못하는 제자가 있었는지 그에 대한 섭섭함을 토로하기도 한다. "애들아 내가 숨기는 것이 있는 것 같으냐? 나는 너희에게 숨기는 것이 없단다. 나는 행동할 때 너희들과 함께하지 않는 경우가 없으니, 그것이 바로 나란다."(「술이」) 이처럼 모든 것을 제자들과 함께하고자 했던 그는 제자들과의 대화에서 자신의 소박한 꿈을 드러내기도 한다.

자로, 증석, 염유, 공서화가 모시고 앉아 있는데, 선생님께서 말씀하셨다. "내가 너희보다 나이가 좀 많다고 어려워하지 말아라. 너희가 평소에 '나를 알아주지 않는다'라고 말하는데, 누군가가 너희를 알아준다면 무엇을 하겠느냐?"(……) "점(증석의 이름)아. 너는 어떠하냐?"(증석이) 거문고를 연주하다가 멈추고 거문고를 내려두고 일어나서 대답했다. "(앞의) 세 사람이 말한 것과는 다릅니다." 선생님께서 말씀하셨다. "무슨 상관이냐. 또한 각자 자신의 생각을 말하는 것이다."(증석이) 말했다. "늦봄에 봄옷이 완성되거든 성인 대여섯 명, 동자 예닐곱 명과 함께 기수(물 이름)에서 목욕하고 풍우(기우제를 지내는 장소)에서 바람 쐬고서 노래 부르며 돌아오고 싶습니다." 선생님께서 탄식하며 "나는 점과 함께하겠다."라고 말씀하셨다.(子路曾晳冉有公西華侍坐. 子曰, 以吾一日長乎爾, 毋吾以也. 居則曰, 不吾知也. 如或知爾, 則何以哉. (……) 點. 爾何如. 鼓瑟希, 鏗爾, 舍瑟而作. 對曰, 異乎三子者之撰. 子曰, 何傷乎. 亦各言其志也. 曰, 莫春者, 春服旣成, 冠者五六人, 童子六七人, 浴乎沂, 風乎舞雩, 詠而歸. 夫子喟然歎曰, 吾與點也.)(「선진」)

여기에서는 생략했지만, 공자의 질문에 자로, 염유, 공서화는 모두 자신의 정치적 포부로써 답을 한다. 공자가 제자들을 군자, 즉 나라를 운영하는 자로서의 자격을 갖춘 인물로 양성하고자 했기에, 그들의 답변은 공자의 뜻에 부합하는 것이라고 할 수 있다. 그런데 공자는 따스한 봄날 벗들과 놀러 가고 싶다는 증석과 함께하겠다고 한다. 혼란스러운 현실을 바꾸기 위해 현실 정치를 외면하지 못하지만, 이러한 현실에서 벗어나고 싶어하는 내면의 욕구를 제자들 앞에서 진솔하게 드러낸 것이다.

제자들에 대한 애틋함

이러한 벗으로서의 제자들에 대한 공자의 정은 각별할 수밖에 없었다.

> 선생님께서 광 지역에서 환란을 겪으셨을 때, 안연이 뒤늦게야 따라오니 선생님께서 말씀하셨다. "나는 네가 죽은 줄 알았구나." (안연이) 말했다. "선생님께서 살아 계신데 제가 어찌 감히 죽겠습니까?"(子畏於匡, 顏淵後. 子曰, 吾以女爲死矣. 曰, 子在, 回何敢死.)(「선진」)

공자가 광이라는 지역을 지나는데 그 지역 사람들이 과거에 자신들을 괴롭혔던 양호(陽虎)라는 인물로 오인하여 공자를 죽이려고 했다. 이러한 죽음의 위기에서 벗어나서 도망쳤는데,

안연이 보이지 않았다가 뒤늦게서야 나타난 것이다. 이 장의 대화는 스승과 제자 사이의 애틋한 마음을 잘 보여준다. 하지만 이처럼 공자가 살아 있는 한 먼저 죽을 수 없다고 한 안연은 공자보다 앞서 세상을 떠난다.

> 안연이 죽자 선생님께서 서럽게 울며 곡을 하셨다. 시중 드는 자가 말했다. "선생님께서는 (너무) 슬퍼하십니다." (선생님께서) 말씀하셨다. "(너무) 슬퍼한다고? 이 사람 때문에 슬퍼하지 않는다면 누구 때문에 슬퍼하겠는가?"(顏淵死, 子哭之慟. 從者曰, 子慟矣. 曰, 有慟乎. 非夫人之爲慟而誰爲.)(「선진」)

> 안연이 죽어 문인들이 후하게 장례를 치르고자 했다. 선생님께서 "안 된다"고 말씀하셨는데도 문인들이 후하게 장례를 치렀다. 선생님께서 말씀하셨다. "회(안연의 이름)는 나를 아버지처럼 생각했는데, 나는 그를 아들처럼 대하지 못했구나. 이것은 내가 아니라 너희들 때문이다."(顏淵死, 門人欲厚葬之. 子曰, 不可. 門人厚葬之. 子曰, 回也視予猶父也, 予不得視猶子也. 非我也, 夫二三子也.)(「선진」)

안회의 죽음에 관한 언급은 『논어』에 여러 차례 등장하는

데, 위의 두 장은 그중 일부이다. 공자는 그를 '배우기를 좋아한' 유일한 제자라고 했고, 자신의 뜻을 계승할 제자라고 생각했다. 따라서 그가 죽자 "하늘이 나를 버렸다."(「선진」)고 하면서 애통해했는데, 그러한 공자의 슬픔은 다른 제자들이 보기에 지나쳤던 모양이다. 평소의 공자는 지나친 것을 경계했다. 무슨 일이건 지나친 것은 모자람과 같다(子曰, 過猶不及一「선진」)는 그의 지론은 모자람도 지나침도 없는 상황에 적절함을 뜻하는 '중용(中庸)'으로 표현되기도 한다. 그런 공자도 자신의 애제자 안회의 죽음에는 속절없이 무너지는 인간적인 모습을 보인다.

그의 이러한 안회에 대한 사랑은 아비의 자식에 대한 사랑에 비견할 수 있다. 공자에게도 먼저 세상을 떠난 아들 '리(鯉)'가 있었다. 리가 죽었을 때 공자는 소박하게 장례를 치렀다. 그리고 아들처럼 사랑했던 안회가 죽었을 때에도 리처럼 소박한 장례로써 그를 보내고자 했다. 하지만 제자들이 공자의 뜻을 어기고 후하게 장례를 치른 것이다. 위의 두 번째 장은 아들처럼 보내주지 못했다는 안회에 대한 미안함과 자신의 뜻을 알아주지 않은 제자들에 대한 원망을 보여준다.

잘못된 제자에 대한 매몰찬 태도

그렇다고 해서 공자가 제자들의 모든 면을 용인하지는 않았다. 잘못된 행동을 한 제자에 대해서는 가차없이 질책을 가한다.

> 재여가 낮잠을 자니 선생님께서 말씀하셨다. "썩은 나무에는 조각을 할 수 없고, 더러운 흙으로는 흙손질을 할 수 없다. 내가 재여에게 무엇을 나무라겠는가?" 선생님께서 말씀하셨다. "애초에 나는 다른 사람에 대해서 그 말을 들으면 그 행동을 믿었는데, 지금 나는 다른 사람에 대해서 그 말을 들으면 그 행동을 관찰하니, 재여 때문에 이처럼 고치게 된 것이다."(宰予晝寢. 子曰, 朽木不可雕也, 糞土之牆不可杇也, 於予與何誅. 子曰, 始吾於人也, 聽其言而信其行, 今吾於人也, 聽其言而觀其行. 於予與改是.)(「공야장」)

『사기』「중니제자열전」에 의하면, 재여는 말을 번지르르하게 잘하는 제자이다. 아마도 그는 말만 앞세워서 행동이 따르지 못하는 사람이었던 모양이다. 오죽하면 공자가 예전에는 사람의 말을 들으면 그 사람이 그렇게 행동할 것이라고 믿었는데, 재여라는 제자를 겪고 나서부터는 사람의 말을 들으면 그 행동이 말과 일치하는가를 살피게 되었다고 했겠는가. 그런 재여가 한가롭게 낮잠을 자다가 공자에게 발각된 것이다. 아무것도 하는 것 없이 보내느니 바둑 등 놀음이라도 하라(「양화」)는 공자의 입장에서는 매우 한심스러운 일이었다. 따라서 그를 '썩은 나무', '더러운 흙'에 비유한다. 아름다운 조각을 하기 위해서는 단단한 나무가, 그리고 집을 지어 벽에 흙을 발라 마무리하기 위해서는 깨끗한 흙이 필요하다. 즉 단단한 나무와 깨끗한 흙이라는 바탕이 있어야 그것을 아름답게 꾸밀 수 있는데, 재여는 바탕 자체가 글렀기 때문에 나무랄 가치조차 없다고 질타한 것이다.

이처럼 삶의 태도가 잘못된 제자만이 아니라 현실 정치에서 원칙에서 벗어난 정책을 실행하는 제자에 대해서도 가차없는 태도를 보인다.

> 계씨가 주공보다 부유한데도 염구가 그를 위해 세금을 거둬서 더 부유하게 하니, 선생님께서 말씀하셨다. "내 제자가 아니다. 애들아. 북을 울리며 공격하는 것이 옳다."(季氏富於周公, 而求也爲之聚斂而附益之. 子曰, 非吾徒也. 小子鳴鼓而攻之, 可也.)(「선진」)

여기에서의 '주공'은 주 왕조 초기에 국가의 체제를 세운 인물로서, 노나라 군주로 봉해졌다. 따라서 공자 당시의 노나라 제후는 주공의 후손이다. 그리고 '계씨'는 당시에 노나라 국정을 농단하던 맹손씨, 숙손씨, 계손씨라는 세 대부 가문 중 계손씨를 가리킨다. 이러한 대부인 계씨가 제후보다 부유한 것은 왕-제후-대부의 위계를 중시하는 종법적 질서에 부합하지 않았고, 평소에 신분에 맞는 처신을 주장한 공자가 보기에도 부당했다. 그런데도 계씨의 가신으로 취직한 제자 염구가 앞장서서 백성들에게서 세금을 거두어 계씨를 더욱 부유하게 만들고 있으니, 공자가 분노한 것이다. 더구나 국가를 운영하는 사람이 걱정해야 할 것은 재화의 부족이 아니라 재화의 불균등한 분배에 있다(有國有家者, 不患寡而患不均 ―「계씨」)고 주장하는 공자의 입장에서 이미 부유한 계씨를 위해 곤궁한 백성들에게서 세금을 거두는 염구의 행동은 용납할 수 없었다. 따라서 염구를 공격하라는 격한 표현을 사용한 것이다.

공자에게 제자는 벗이었고, 그의 제자에 대한 기본적인 태도는 애정이었다. 하지만 원칙에서 벗어난 제자는 이미 벗이 아니었고, 혹독한 비판의 대상일 뿐이었다. 그렇다면 공자에게 '벗'이란 어떤 존재일까?

벗은 같은 길을 가는 사람이다

"유붕자원방래, 불역락호"에서의 '붕(朋)'은 우리가 흔히 사용하는 '친구(親舊)'와는 약간 다른 의미를 갖는다. 친구의 사전적 의미는, 글자 그대로 오랫동안[舊] 친하게 지낸[親] 사람이다. 즉 친구 여부를 가리는 요소 가운데 중요한 것이 기간의 장단이다. 물론 서로 전혀 뜻이 맞지 않는 사람들이 오랫동안 친하게 지내기는 쉽지 않겠지만, 친구인지 여부는 뜻이 맞는가가 아니라 기간의 장단에 달려 있다. 그에 비해서 '벗'의 사전적 의미는 '마음이 서로 통하여 가깝게 사귀는 사람'으로서, 뜻을 같이하는 사람이다. 여기에서의 '붕'은 친구보다는 벗으로 번역해야 한다.

주희는, 그가 살았던 송대에도 '붕'에 대한 오해가 있어서 그랬는지는, 이 구절의 '붕'에 대해서 '동류(同類)'라는 주석을 붙여두었다. 같은 무리라는 의미이다. 어떤 일에 대해서 같은 생각을 가지고서 무리를 이룬 이들이 '붕'이라는 것이다. 그리고 이처럼 생각이 같은 것을 도(道)가 같다고도 표현할 수 있다.

선생님께서 말씀하셨다. "도가 같지 않으면 서로 일을 도모할 수가 없다."(子曰, 道不同, 不相爲謀.)(「위령공」)

우리는 흔히 도를 일상과는 멀리 떨어진 심오한 무엇으로 생각하는 경향이 있다. 길에서 사람들을 붙잡고 이상한 믿음을 강요하는 사람들도 "도에 관심 있습니까?"라고 묻는다. 그들은 자신들이 대단한 것을 알려줄 것처럼 우리를 현혹하지만, '도'는 글자 그대로 길일 뿐이다. 평소에 우리가 다니는 길이 대표적인 것이다. 물론 길에는 인간이 다니는 길만 있는 것은 아니다. 동물이 다니는 산길이나 물이 흐르는 물길처럼 애초에 인간과는 무관한 길도 있다. 하지만 인간은 자신의 의도에 맞춰 산길을 넓히기도 하고 물길을 바꿔놓기도 한다. 동양의 전통 사상에서 말하는 길은, 그것이 인간의 작위가 개입된 것이건 그렇지 않은 것이건, 모두 인간이 가야 할 길을 가리킨다. 학파의 이름에 이미 '도'가 들어간 노자(老子), 장자(莊子)의 도가(道家)에서는 자연의 길을 제시하여, 자연의 일부인 인간이 자연의 길을 가야 함을 주장한다. 공자는 "사람이 길을 넓힐 수 있지 길이 사람을 넓혀주는 것이 아니다."(人能弘道, 非道弘人—「위령공」)라고 했는데, 이때의 길은 사람이 넓힐 수 있는, 인간의 작위가 개입된 길을 의미한다. 공자는 인간이 동물이 다니는 산길이나 자연스럽게 형성된 물길이 아니라 인간이 만든 길을 가야 한다고 주장했다.

우리는 매일 이러한 인간이 만든 길을 나선다. 근무를 위해서 회사에 가는 길, 강의를 듣기 위해서 학교에 가는 길, 물건을 사기 위해 시장에 가는 길을 나선다. 이처럼 우리가 나선 길에는 회사, 학교, 시장이라는 목표 지점이 있다. 물론 뚜렷한 목표 지점을 두지 않고 산책을 하기도 하지만, 종착점 없이 방황하지는 않는다. 즉 길은 어떤 목적이나 결과로 나아가는 수단이나 방도(方道)이다. 따라서 어떤 사람이나 집단이 제시하는 길, 즉 도는 그 사람이나 집단의 목적을, 그리고 그 목적으로 나아가는 방도를 드러낸다.

따라서 길이 같다는 것은 추구하는 목적과 그 목적에 도달하는 방도가 같다는 것을 의미한다. 내가 우리 사회의 모든 구성원이 평등한 삶을 누리도록 하는 것을 목적으로 하고, 그 실현 방법을 고민한다고 하자. 이러한 내 목적을 공유하는 사람들이 있다면, 그들은 나와 같은 길을 가는 것이고 따라서 나와 함께 일을 도모할 수 있을 것이다. 그런데 소수의 사람만이 특권을 누리는 사회를 지향하는 사람이 있다면, 나와는 길이 다르기 때문에 함께 일을 도모하기 힘들 것이다.

이처럼 공자가 말하는 벗은 뜻을 같이하고 같은 길을 가는 자이며, 함께 일을 도모할 만한 자이다.

벗은 나를 성장시킨다

이처럼 같은 목적을 향해 함께 나아가는 벗은 나에게 어떤 역할을 하는가? 그에 대한 답은 공자의 '배움'에 대한 자세와 밀접하게 관련된다. 앞에서 살펴본 "세 사람이 길을 가면 반드시 그 가운데 내 스승이 있다."라는 언급에서 보이듯이 벗은 본보기가 되어 나를 성장시키는 존재이다. 실제로 벗으로서의 제자들은 공자의 지적, 인격적 성장을 도왔다.

> 자하가 물었다. "'매력적인 웃음이여 입모양이 예쁘구나. 아름다운 눈매여 눈자위가 또렷하구나. 흰 바탕으로 꾸밈을 삼는구나.'라고 하는 것이 무슨 말입니까?" 선생님께서 말씀하셨다. "그림을 그리는 것은 흰 바탕이 있고 나서의 일이라는 뜻이다." (자하가) 말했다. "예가 다음이라는 것입니까?" 선생님께서 말씀하셨다. "나를 일깨워주는 사람은 상(자하의 이름)이로구나. 비로소 함께 시에 대해서 이야기를 나눌 수 있겠구나." (子夏問曰, 巧笑倩兮, 美目盼兮, 素以爲絢兮. 何謂也. 子曰, 繪事後素. 曰, 禮後乎. 子曰, 起予者商也. 始可與言詩已矣.) (「팔일」)

이 장은 『시경』 「위풍」 '석인'의 시에 대한 공자와 자하의 대답으로 구성되어 있다. 세 구절로 되어 있는 이 시에서 앞의 두 구절은 매력적인 웃음과 아름다운 눈매를 가진 미인을 형용한다. 그리고 다음 구절에서 '흰 바탕'으로 번역한 '소(素)'는 '희다'는 뜻을 갖는데, 어떤 가공도 하지 않은 자연 그대로의 상태를 가리킨다. 예컨대 면화에서 실을 뽑아서 짠 면직물을 표백이라는 가공을 거쳐서 만들어낸 흰 것이 아니라, 가공을 거치지 않은 자연 상태 그대로의 흰 것이다. 즉 꾸미지 않은 상태를 가리킨다. 따라서 '흰 바탕으로 꾸밈을 삼는다'는 구절은 '꾸미지 않은 상태를 꾸밈으로 삼는다'고도 해석할 수 있다. 쉽게 이해하기 힘든 이러한 시 구절에 대한 자하의 질문에 공자는 '흰 바탕이 있고 나서야 그림을 그릴 수 있다'고 답한다. 꾸미지 않은 깨끗한 바탕이 있어야 그 위에 채색을 하고 무늬를 그려넣을 수 있다는 것이다.

그런데 자하는 스승의 답변에서 한 걸음 나아가서 '예가 다음이군요'라고 말한다. 이와 관련해서는 다음 장에서 더 자세히 설명할 것이기 때문에 간단히 설명하자면, 공자는 이상적인 인간으로서 '군자'를 제시한다. 군자는 내적으로는 인간에 대한 사랑(仁)을, 그리고 외적으로는 그 사랑을 적절히 표현해내는 형식(禮)을 갖춘 사람이다. 따라서 '인'을 바탕으로, '예'를 꾸밈으로 해석하고, '예'라는 것은 우선 '인'이 갖춰진 다음에 실행할 것이다라고 해석할 수 있는 것이다.

　요약하자면, 아름다운 미인을 형용한 시의 '바탕을 꾸밈으로 삼는다'는 구절에 관한 자하의 질문에 공자는 '흰 바탕이 있고 나서야 그림을 그릴 수 있다'는 의미라고 설명해주고, 자하는 이 설명에서 '인'이라는 바탕이 있고 나서야 '예'라는 꾸밈이 제대로 실행될 수 있다는 공자 사상의 핵심을 추론해낸 것이다.

　이러한 제자의 대답을 접한 공자의 기뻐하는 모습은 마지막 구절에서 잘 드러나 있다. 자하는 '나를 일깨워주는', 나에게 시를 바라보는 새로운 시선을 제시하여 나를 성장시켜주는 존재인 것이다.

나의 부당한 행위를 질타하는 벗

　그런데 공자가 보기에 모든 제자가 자신을 성장시켜주지는 않았던 것 같다. 역설적이게도 공자가 가장 기대하고 사랑한 제자인 안회에 관한 언급에서 그 사례가 발견된다.

　선생님께서 말씀하셨다. "안회는 나를 도와주는 자가 아니다.

내 말에 대해서 기뻐하지 않는 경우가 없구나."(子曰, 回也非助我
者也, 於吾言無所不說.)(「선진」)

사실 여기에서 공자의 말에는 두 가지 감정이 담겨 있다.
우선 안회에 대한 무한한 애정이다. 공자도 처음에는 자신의
말에 대꾸도 없이 고개만 끄덕이는 안회를 보고 '바보 아닌
가?'라고 의심했지만, 나중에 그의 행동을 보니 자신이 말해준
바를 제대로 이해했음을 알았다고 한다.(子曰, 吾與回言終日, 不違如愚, 退
而省其私, 亦足以發, 回也不愚.―「위정」) 이처럼 자신의 말을 그대로 이해
하고 실행하는 안회를 공자가 예뻐하지 않을 수는 없었을 것
이다.

한편 공자는 주로 대화를 통해서 제자들을 교육했고, 그 과
정에서 제기되는 제자들의 질문이나 문제에 답하면서 자신을
성장시켰다. 그런데 안연은 자신의 가르침을 기뻐하기만 하고
문제를 제기하거나 비판을 하지 않았다. 자신의 성장에는 전혀
도움이 안 된다고 하소연할 수밖에 없었던 것이다.

이러한 안회에 대한 하소연은 공자가 원하는 제자가 어떤
모습인지를 보여주기도 한다. 공자에게는 자신의 잘못을 가차
없이 비판하는 제자가 더 도움됐을 것이고, 그러한 제자가 필
요했을 것이다. 자로의 경우가 이에 해당한다.

선생님께서 남자를 만나시니 자로가 불쾌해했다. 선생님께서 맹세하시기를 "내게 잘못이 있다면 하늘이 싫어하실 것이다. 하늘이 싫어하실 것이다."(子見南子, 子路不說. 夫子矢之曰, 予所否者, 天厭之. 天厭之.)(「옹야」)

'남자'는 당시 위나라 군주의 부인이다. 그녀에 관해서 주희는 음행(淫行)이 있는 사람이라고 했는데, 위나라 정사에 깊히 관여했던 인물로 보인다. 여성들의 사회 활동이 금기시되던 당시 사회에서 이러한 남자의 처신은 긍정적으로 평가될 리가 없었다. 더구나 "적절한 직위에 있지 않으면 그 정사에 대해서 모의하지 않는다."(不在其位, 不謀其政.—「태백」)는 원칙을 지닌 공자의 입장에서 보았을 때, 위나라 군주의 부인이었을 뿐 정사에 관여할 직위를 갖지 않았던 남자의 행태는 정당한 것이 아니었다. 공자는 그런 남자를 통해서라도 현실 정치에서 자신의 꿈을 실현하고 싶었기 때문에 그녀를 만났고, 이 사실을 안 자로는 스승에게 화를 낸 것이다. 이에 대한 하늘을 끌어들인 공자의 답변은 군색하기만 하다.

이후 둘 사이에 어떠한 대화가 오갔는지는 알 수 없지만, 이로 인해서 공자가 자로에게 섭섭한 마음을 품지는 않았을 것으로 보인다. 누군가가 자신의 잘못을 지적하자, "나는 참 다

행이다. 내게 잘못이 있으면 사람들이 반드시 아는구나."(丘也幸,
苟有過, 人必知之. —「술이」)라고 하여, 잘못에 대한 지적조차 자신의
성장을 위한 동력으로 삼는 공자인 것이다.

지금까지 말해왔듯이 벗은 나와 같은 길을 가면서 나를 성
장시키는 존재이다. 그런데 여기에서 우리는 그 길의 끝, 즉 목
적에 대해서는 말하지 않았다. 이 목적은, '학습의 기쁨'에서
이미 언급했듯이, '군자'와 연결하여 다룰 문제이다.

대범한 군자

"남들이 나를 알아주지 않아도 노여워하지 않으면 또한 군자답지 않은가?"(人不知而不慍, 不亦君子乎.)

공자는 이 말을 누구에게 한 것일까? 제자들을 비롯한 다른 사람들에게 한 것이라면 자신을 알아주지 않은 세태를 탓하지 말고 자신의 능력을 더 키우라는 의미로 해석할 수 있다. 이러한 해석은 "나를 알아주지 않는 것을 걱정하지 말고 알아줄 만하게 되도록 힘쓰라"(不患莫己知, 求爲可知也. ─「이인」)라는 등 유사한 언급이 『논어』 곳곳에 보이기 때문에 적절한 것이라고 할 수 있다.

그런데 이 구절에서 공자의 고뇌를 읽을 수도 있다. 춘추시대의 혼란을 끝낼 방도를 가졌다고 자부하는 자신을 알아주지 않는 현실에 대한 공자의 고뇌 말이다. 그가 자신의 "방도가 실행되지 않으니 뗏목을 타고 바다를 떠다닐까 보다"(道不行, 乘桴浮于海.─「공야장」)라고 할 정도로 자신을 알아주지 않는 사회에 대한 노여움은 공자를 괴롭혔던 것 같다. 그러한 심정이 들 때마다 공자는 스스로를 다독이지 않았을까? "그래. 남들이 알아주지 않는다고 노여워하면 군자가 아니지."라고 말이다.

공자의 말을 인용하지 않더라도, 우리는 남들이 내 진가를 알아주지 않으면 불쾌해한다. 그런데 위 구절에서의 군자는 그렇지 않다. 그렇다면 과연 군자란 어떤 존재인가?

이 책을 쓰기 위해 『논어』에 '군자'라는 용어가 몇 번이나 등장하는지 세어보니, 총 107회였다. 일일이 세어보지 않고 파일로 입력된 것을 검색했기 때문에 놓친 것이 있을 수 있다. 따라서 『논어』에는 '군자'라는 용어가 최소한 107회 등장하며, 이처럼 많이 등장했다는 것은 그것이 갖는 공자 사상에서의 중요성을 방증한다고 할 수 있다. 그런데 『논어』에서 사용되는 '군자'는 크게 두 가지, 즉 신분과 도덕성의 측면에서 해석할 수 있다. 물론 이 두 가지 측면을 모두 함유하는 언급도 있다.

예전에는 '도덕군자', '성인군자'라는 표현을 흔하게 접할 수 있었다. 도덕적인 사람을 칭찬할 때 "아무개는 참 성인군자야."라고 말하곤 했다. 하지만 요즘은 이 말이 잘 사용되지 않는 것 같다. 대신에 몇 년 전에 군자와 유사한 의미를 가진 용어가 젊은이들 사이에서 유행한 적이 있었다. 그것은 대인배라는 용어로서, 타인의 사소한 잘못에 앙심을 품지 않는 너그러운 인격체를 가리키는 데 사용되곤 했다. 그런데 대인배는 예전에 없던 용어로서, 추측건대 기존의 소인배(小人輩)라는 말에 대한 반대말로서 만들어낸 것 같다. 원래 소인의 반대말은 군자로서, 대인배라는 유행어와 유사한 의미를 가졌다.

군자는 원래 지배층이라는 신분을 가리켰다

그런데 군자라는 용어는, 공자가 도덕적 인격체를 가리키는 말로 사용하기 이전에는, 특정 신분을 가리키는 데 사용되었다. 군자는 글자 그대로 임금[君]의 아들[子], 즉 지배층을 지칭하는 용어였다. 약 2,500년 전 공자 당시 중국은 신분제 사회였으며, 이러한 신분제는 서양의 근대적 사상과 제도가 유입되는

19세기까지 한국이나 중국에서 유지되었다. 신분제 사회에서 국가 사회의 운영은 지배층의 몫이었고, 피지배층은 거기에서 배제되었다. 공자 역시 그러한 시대적 한계를 넘어설 수 없었으며, 그에게 피지배층은 '따르게 할 수는 있을지언정 이해시킬 수는 없는'(民可使由之, 不可使知之.—「태백」) 존재였다. 그리고 이러한 지배층과 피지배층은 '군자'와 '소인'으로 지칭되었다.

아래의 장은 군자와 소인이 지배층과 피지배층을 가리키는 용어로 사용된 대표적인 사례이다.

> 계강자가 공 선생님께 정치에 관해서 질문했다. "만약 무도한 이를 죽여서 사람들을 도가 있는 곳으로 나아가게 한다면 어떻습니까?" 공 선생님께서 대답하셨다. "당신은 정치를 한다면서 어찌 죽임을 쓰시렵니까? 당신이 선해지고자 하면 백성들이 선해질 것입니다. 군자의 덕목은 바람과 같고 소인의 덕목은 풀과 같으니 풀 위에 바람이 불면 (풀은) 반드시 눕습니다."(季康子問政於孔子曰, 如殺無道, 以就有道, 何如. 孔子對曰, 子爲政, 焉用殺. 子欲善而民善矣. 君子之德風, 小人之德草. 草上之風, 必偃.)(「안연」)

당시 노나라의 권력을 장악하고 있던 계손씨 가문 사람이 정치에 대해서 묻자 공자가 답한 것이다. 여기에서는 자연에서의 바람과 풀의 상호작용이라는 재미있는 사례가 제시된다. 풀 위에 바람이 불면 풀은 바람 방향에 따라 눕는다. 공자는 이러한 사례를 활용하여 바람으로서의 군자의 정치가 선하다면 바람의 영향을 받은 소인들 역시 선해질 수밖에 없으며, 정치가 선하지 않다면 소인들 역시 선해질 수 없음을 주장한다. 따라서 정치에서 중요한 것은 군자가 선해지고자 하는 욕구를 가지고서 노력하는 것이다. 그런데 당시의 권력자인 계강자는 자신의 도덕성 여부는 돌아보지 않고 무도한 이를 처벌할 생각부터 하고 있었던 것이다.

그런데 군자는, 이 장에서처럼 명확하게 지배층을 가리키는 경우도 있지만, 애매하게 사용되기도 한다.

> 자로가 말했다. "군자는 용기를 숭상합니까?" 선생님께서 말씀하셨다. "군자는 옳음을 높이 평가한다. 군자가 용기는 있는데 옳음이 없으면 혼란을 일으키며, 소인이 용기는 있는데 옳음이 없으면 도둑이 된다."(子路曰, 君子尙勇乎. 子曰, 君子義以爲上, 君子有勇而無義爲亂, 小人有勇而無義爲盜.)(「양화」)

자로에 대해서 아는 사람이라면 이 장을 읽고서 실소하게 된다. 앞서 살펴보았듯이 공자가 자신의 도가 실행되지 않으니 뗏목을 타고 바다를 떠돌겠다고 한탄하면서 그럴 경우에 자신을 따라올 제자는 자로밖에 없을 것이라고 한다. 이 말을 들은 자로는 스승의 쓰라린 마음은 헤아리지 않고 스승이 자신을 지목했다는 것에만 집중하여 기뻐한다. 그의 이러한 단순함은 공자가 "자로는 나보다 용기를 좋아하지만 쓸 만한 구석이 없다"(由也, 好勇過我, 無所取材.)(「술이」)고 했을 정도였다.

본론으로 돌아와서, 그러한 자로가 '군자가 용기를 숭상하는가'를 물음으로써 스승에게 자신의 가치를 인정받고자 한 것이다. 하지만 공자는 매몰차게도 용기가 아니라 '옳음(義)'을 강조한다. 여기에서 우리는 자로가 질문한 군자와 공자가 대답한 군자에 차이가 있다는 점에 주목해야 한다. 자로가 질문한 군자는 신분이 아니라 도덕적 인격체를 가리킨다. 즉 '도덕적 인격체도 용기를 숭상하는가'를 물은 것이다. 그런데 공자의 답변에서의 군자는 지배층이라는 신분을 가리킨다. 그리고 지배층에게 필요한 덕목이 용기보다 옳음이라는 점을 강조한다. 지배층이 용감하기만 하고 옳지 못하다면 난을 일으키게 된다는 것이다.

이처럼 본래 군자는 지배층이라는 신분을 가리키는 용어였다. 공자는 이들 지배층에게 지배층다운 덕목을 갖추도록 요구했고, 그 과정에서 군자는 지배층다운 덕목을 갖춘 인격체를 가리키는 용어로 변용된다.

'~다움'이 실현되지 못한 사회에 대한 비판: 정명

그가 지배층에게 지배층다운 도덕성을 요구했다는 것은 역으로 당시의 지배층이 지배층답지 않았음을 보여준다.

> 제나라 경공이 공 선생님께 정치를 물었다. 공 선생님께서 대답하셨다. "임금이 임금답고, 신하가 신하답고, 아비가 아비답고, 자식이 자식답게 하는 것이지요." 공이 말했다. "좋은 말씀입니다. 진실로 임금이 임금답지 못하고, 신하가 신하답지 못하고, 아비가 아비답지 못하고 자식이 자식답지 못하다면, 비록 곡식이 있더라도 내가 먹을 수 있겠습니까."(齊景公問政 於孔子. 孔子對曰, 君君, 臣臣, 父父, 子子. 公曰, 善哉. 信如君不君, 臣不臣, 父不父, 子不子, 雖有粟, 吾得而食諸.)(「자로」)

이처럼 자신이 처한 자리에 걸맞게 처신해야 한다는 주장을 '정명론(正命論)'이라고 한다. '정명'은, 글자 그대로 해석하면 이름[名]을 바로잡는다[正]는 것인데, 실제로는 이름에 걸맞게 현실을 바로잡음을 의미한다. 공자는 정치의 핵심을 묻는 제나라 경공에게 임금, 신하, 아비, 자식이 그 이름과 위치에 걸맞게 행동하는 정명의 실현을 강조한 것이다.

이에 대한 제경공의 답변도 재미있다. 정명이 실현되지 않으면 '비록 곡식이 있더라도 내가 먹을 수 없다'고 하여, 공자의 말을 자신에게 유리하게 해석한 것이다. 즉 정치라는 공적인 사항에 대한 질문에 공자가 정명을 제시하자, 경공은 정명을 실현해야만 자신의 사적 이익이 확보된다고 말한 것이다. 이어지는 공자의 말이 없지만, 이러한 답변을 들은 공자는 마음속으로 '임금인 당신이 임금답지 못하다(君不君)'라고 했을 것 같다.

혹자는 '군군신신부부자자'를 '임금은 임금이고, 신하는 신하이고, 아비는 아비이고, 자식은 자식이다'라고 해석하여 공자가 신분의 불변성을 주장했다고 비판하는데, 이것이 잘못된 해석임은 뒤에 언급될 지배층에게 지배층다운 덕목을 갖출 것을 주장한 공자의 말을 통해 밝혀질 것이다. 다만 자신이 처한 자리에 걸맞게 처신해야 한다는 주장이, 자신의 신분에서 벗어나는 처신을 해서는 안 된다는 것을 의미하며, 신분제 사회에서 벗어나지 못한 공자의 사고를 드러낸다는 지적은 타당하다고 할 수 있다. 하지만 2,500여 년 전의 공자에게 '신분제를 벗어난' 현대의 평등주의적 사고를 기대하기는 힘들 것이다.

지배층다운 도덕적 인격체로서의 군자

공자의 군자론은 이러한 정명론과 연결하여 이해할 수 있다. 신분제 사회에서 지배층, 즉 군자는 도덕적 사회라는 공자의 꿈을 실현해야 할 이들이었고, 따라서 그에 걸맞은 인격을 갖춰야 했다. 그들은 피지배층과는 달리 사적인 이익이 아니라 공적인 옳음에 관심을 가져야 하는 존재인 것이다.

선생님께서 말씀하셨다. "군자는 옳음에 대해서 밝고, 소인은 이익에 대해서 밝다."(子曰, 君子喩於義, 小人喩於利.)(「이인」)

여기에서의 '유(喩)'는 '깨닫는다'라는 의미를 갖는데, 주희는 '밝다, 밝힌다(曉)'라고 해석한다. 먹는 것을 밝히는 사람은 어느 음식점의 음식이 맛있고 만족도가 높은지에 대해서 관심을 기울일 것이고 그에 관한 지식도 많을 것이다. 이처럼 '유'는 어떤 것에 관심이 집중되어 있고, 따라서 그것을 잘 아는 것을 의미한다.

이 장에서의 군자가 관심을 기울일 대상은 옳음(義)이다. 국가 사회를 책임지는 지배층은 옳음에 관심을 기울여야 하며, 옳음에 관심을 기울이는 자만이 지배층다운 덕목을 갖춘 진정한 지배층일 수 있다. 이처럼 지배층으로서의 군자가 가져야 할 덕목으로서 옳음을 강조한 공자의 언급은 『논어』의 여러 곳에서 발견된다. 예컨대, 앞서 다룬 용기를 묻는 자로의 질문에 대한 답에서도 옳음을 강조했으며, "천하의 일에 대한 군자의 자세는 반드시 해야 할 것도 없고 절대로 해서는 안 될 것도 없으며, 옳음과 함께할 뿐이다."(君子之於天下也, 無適也, 無莫也, 義之與比.—「이인」)는 언급에서도 옳음을 강조했다.

하지만 공자 당시의 지배층들은 옳음에 관심을 기울이지 않았다. 앞서의 제경공의 사례에서 보이듯이, 그들의 관심은 피지배층인 소인의 관심 대상인 이익[利]에 집중되어 있었다. 이 장에서의 공자의 언명은 당시의 지배층이 지배층답지 못함을 질타한 것이라고도 할 수 있다.

군자와 성인

이처럼 공자는 당시 지배층에게 지배층답게 될 것을 요구하는데, 사실 그가 추구하는 지배층다움의 정점에는 '성인(聖人)'이 있다. 우리는 일상에서 성인을 군자와 결합하여 '성인군자'라는 복합명사로써 도덕적 인격체를 가리키는 용어로 사용한다. 이러한 성인 역시 군자와 마찬가지로 정치적으로는 지배층에 속한다. 그런데 '군자'라는 용어가 『논어』에 자주 등장하는 데 비해 '성(聖)', 또는 '성인'이라는 용어는 총 여덟 차례만 등장한다. 공자에 대한 타인의 평가가 두 차례, 제자들끼리의 언급이 한 차례이고, 나머지 다섯 번만이 공자의 언급이다. 공자의 언급 가운데 두 가지를 살펴보자.

> 선생님께서 말씀하셨다. "'성'과 '인'과 같은 것을 내가 어찌 감당하겠는가?"(子曰, 若聖與仁, 則吾豈敢.)(「술이」)
> 선생님께서 말씀하셨다. "성인은 내가 보지 못했지만, 군자다운 자는 볼 수 있었다."(子曰, 聖人, 吾不得而見之矣, 得見君子者, 斯可矣.)(「술이」)

앞 장에서 공자는 '성'과 '인'은 자신이 감당할 수 없는 경지라고 함으로써 성인의 경지가 쉽게 도달할 수 없는 고원한 것임을 말했다. 물론 성인은, 스스로 성찰하지 않더라도 언행이 자연스럽게 법도에 맞는 도덕적 완결체로서, 쉽게 도달할 수 없는 경지임이 분명하다. 하지만 공자 스스로가 "나이 일흔 살에는 마음 내키는 대로 하더라도 법도를 넘지 않게 되었다."고 한 것을 미뤄보면, 이 언급을 일흔 이전의 것이거나 겸양의 말이라고 이해할 수도 있을 것이다. 다음 장에서도 지배층다운 덕목을 가진 사람, 즉 군자는 볼 수 있었지만 성인의 경지에 오른 사람은 보지 못했다고 함으로써, 성인이 쉽게 도달할 수 있는 경지가 아님을 보여준다.

이러한 도덕적 완결체로서의 성인은 이상적인 정치 실현의 주체가 된다.

> 자공이 말했다. "만약 백성들에게 널리 베풀고 뭇사람들을 구제할 수 있다면 어떻습니까? 인하다 할 만합니까?" 선생님께서 말씀하셨다. "(……) 반드시 성인일 것이다. 요임금과 순임금도 오히려 그렇게 하지 못함을 걱정하셨다.(……)"(子貢曰, "如有博施於民而能濟衆, 何如. 可謂仁乎. 子曰, (……) 必也聖乎. 堯舜其猶病諸.(……))
> (「옹야」)

요(堯)와 순(舜)은 전설상의 인물로서, 성군(聖君)으로 칭송된다. 요임금은 자신에게 아들이 있음에도 불구하고 아무런 혈연적 관계도 없는 순에게 왕위를 물려주었는데, 그 이유가 당시 민심이 부모에게 효성스러운 순에게로 쏠렸기 때문이라고 한다. 공자 이후에 그의 사상을 계승한 맹자는 "입만 열면 반드시 순임금을 칭송하셨다(言必稱舜)."고 제자들이 회고할 정도로

순을 존경했다.

이러한 '성인'이 어떤 존재인가에 대해서 전호근이 지은 『사람의 씨앗』(메멘토, 2021)의 해석이 참고할 만하니, 그 해석에 기대어 설명을 이어가보자. 성인은 원래 공자 같은 평민이 아니라 제왕 가운데 덕이 높은 이를 가리키는 용어로서, 유가에서 말하는 성인은 요, 순, 우(禹)임금, 탕(湯)왕, 문(文)왕, 무(武)왕, 주공(周公) 등이다. 여기에서 주목할 점은 이 가운데 주공 단 한 사람만 제왕이 아니었다는 것이다. 주공은 어린 조카인 성왕(成王)이 장성할 때까지 주나라를 다스려서 주나라의 토대를 닦은 인물이다. 즉 주공은 자신이 왕위에 오르지는 않았지만 조카인 성왕을 대신해 왕 노릇을 했던 자이다.

신분상 왕이 될 수 없는 공자에게 주공은 닮고 싶은 전범이었다. 주공처럼 당시의 제후들을 도와 성왕(聖王)의 정치를 실행하는 꿈을 꾸었던 것이다. 더구나 주공은 공자의 고국인 노나라에 봉해진, 즉 노나라의 첫 제후이기도 했다.

하지만 '주유천하'를 했음에도 불구하고 그에게는 주공과 같은 역할을 할 기회가 주어지지 않았다. 기회를 얻지 못하고 나이만 들어가자 공자는 "심하구나. 나의 노쇠함이여. 오래되었구나. 내가 꿈속에서 주공을 다시 뵌 지가."(甚矣吾衰也. 久矣, 吾不復夢見周公.—「술이」)라고 한탄한다. 이제 너무 늙어버려서 주공처럼 되리라는 꿈을 영원히 실현할 수 없음을 안타까워한 것이다.

공자 이후에도 유학자들은 현실의 왕이 성인이 되기를 바랐다. 조선의 사상가 퇴계(退溪) 이황(李滉, 1502~1571)의 『성학십도(聖學十圖)』와 율곡(栗谷) 이이(李珥, 1536~1584)의 『성학집요(聖學輯要)』는 모두 제목에 '성학'을 드러내고 있는데, 성학이란 '성인이 되는 학문'이다. 이황과 이이는 당시의 조선 임금이 성학을 수련함으로써 성인이 되기를 바라는 마음에 책을 편찬하여 바쳤던 것이다.

이처럼 성인과 군자는 모두 도덕적 사회를 만들어가는 사람들이지만, 성인은 현실에서의 제왕이 아닌 한 도달하기 힘든 지위였다. 따라서 국가 사회를 운영하는 대부분의 지배층은 군자로서의 덕목을 갖추는 것이 요구되었다.

바탕과 꾸밈이 아름답게 어우러진 사람: 군자

군자가 지배층다운 덕목을 가진 이를 지칭한다면, 그러한 덕목은 구체적으로 무엇일까? 그 '무엇'을 직접 언급하기 전에 우선 공자가 어떤 사람이 군자인지 말하는 구절을 하나 살펴보자.

선생님께서 말씀하셨다. "바탕이 꾸밈을 넘어서면 '야'이고, 꾸밈이 바탕을 넘어서면 '사'이다. 바탕과 꾸밈이 아름답게 어우러진 다음에야 '군자'이다."(子曰, 質勝文則野, 文勝質則史. 文質彬彬, 然後君子.)(「옹야」)

이 장의 내용을 제대로 이해하기 위해서는 등장하는 용어에 대한 설명이 필요하다. '바탕'으로 번역한 '질(質)'은 우리가 일상에서 "저 사람은 질이 좋지 않으니 가까이 하지 않는 게 좋겠다"라고 할 때의 '질'로서, 가공을 하지 않고 꾸미지 않은 상태를 가리킨다. 그에 비해서 '꾸밈'으로 번역한 '문(文)'은, 흔히 '글월 문'이라 하여 문자를 가리키지만, 여기에서는 무늬라는 의미로 사용되었다. '문'이 이처럼 무늬로 해석되는 대표적인 경우로는, 하늘[天]의 아름다운 별들이 만들어낸 무늬[文]를 연구하는 학문[學]을 뜻하는, '천문학'을 들 수 있다.

그리고 '들'로 해석되는 '야(野)'를 타고난 바탕 그대로 꾸밈없이 사는 사람을 가리키는 용어로 사용했다. 그렇다면 타고난 바탕 그대로의 꾸밈없는 상태는 어떤 모습으로 표현될까? 아무것도 몸에 걸치지 않은 모습일 것이다. 태어난 그대로의 모습이니까 말이다. 만약 우리가 그처럼 발가벗은 사람을 본다면 뭐라고 말할까? 아마 "야하다"라고 할 것이다. '야한 동영상'

이라고 할 때의 '야'가 바로 그것이다. 그리고 이처럼 아무것도 입지 않거나 신체의 중요 부위만 가리고서 생활하는 이들을 '야만인'이라고 얕잡아보기도 한다. 반대로 바탕이 무엇인지 알 수 없을 정도로 꾸밈이 월등한 사람도 있을 것이다. 그런 사람을 이 문장에서는 '사'라고 했다. 여기에서의 '사'가 무엇인지는 분명하지 않지만, 주희의 설명에 의하면 문서를 관장하는 관료이다. 아마도 문서를 처리하는 관료로서 문서의 내용보다는 형식에만 관심을 쏟는 사람을 의미하는 것 같다. 요컨대 꾸밈없이 바탕 그대로를 드러내는 사람이 '야'이고, 꾸밈만 드러나서 바탕이 보이지 않는 사람이 '사'이다.

공자가 보기에, 이러한 '야'와 '사'는 바람직한 인간상이 아니다. 그래서 제시한 것이 바탕과 꾸밈이 적절히 어우러진 상태의 인간이다. 여기에서의 '빈빈'이란 무늬가 또렷하여 아름다운 모습이다. 무늬가 또렷하다고 하니 무늬만을 강조한 것 같지만, 그렇지 않다. 무늬가 또렷하게 드러나기 위해서는 바탕이 그 무늬를 잘 받쳐줘야 한다. 마치 표범의 검은 꽃무늬 점이 또렷하게 드러나기 위해서는 그의 누런 바탕색이 받쳐줘야 하는 것처럼 말이다. 이처럼 누런 바탕색과 검은 꽃무늬 점이 잘 어우러져 아름다운 것처럼, 인간 역시 바탕과 꾸밈이 잘 어우러져야 하며, 이런 이가 바로 '군자'이다.

그렇다면 공자는 '바탕'과 '꾸밈'으로 무엇을 표현한 것일까? 그것은 바로 '인(仁)'과 '예(禮)'라고 할 수 있다. 공자는 내면의 '인'과 외면의 '예'가 서로 배치되거나 어느 하나가 과도하지 않고 적절히 균형을 이룬 사람을 이상적으로 보았고, 그를 군자라고 했다. 지배층이 지배층답게 되기를 바랐던 공자에게 '인'과 '예'는 그러한 군자가 되기 위한 필수적인 덕목이라고 할 수 있다.

꾸밈을 배우기 전에 우선 인간이 되어야 한다

그런데 바탕과 꾸밈의 조화를 중시했다고 해서, 이 둘 중 먼저 갖춰야 할 것이 없다고 할 수는 없다. 낮잠을 자는 제자 재여에 대한 공자의 비판에서도 보았듯이, 썩은 나무(바탕)에는 조각(꾸밈)이 불가능하고 더러운 흙(바탕)으로는 흙손질(꾸밈)을 할 수 없다. 요컨대 바탕이 우선 제대로 갖춰져야 꾸밈이 가능하다.

선생님께서 말씀하셨다. "제자들은 집에 들어가서는 부모에게 효도하고 집을 나서서는 웃어른을 공경하고, 삼가고 미더우며 널리 뭇사람들을 사랑하고 인한 이를 친애하라. 이렇게

행동하고도 남은 힘이 있거든 '문'을 배우라."(子曰, 弟子入則孝, 出
則弟, 謹而信, 汎愛衆而親仁. 行有餘力, 則以學文.)(「학이」)

여기에서 공자는 제자들에게 우선 효, 제, 근, 신, 애, 친 등
을 실천할 것을 요구한다. 이 중에서 효, 제, 애, 친은 타인에 대
한 사랑, 즉 '인(仁)'이 상대에 따라 다양하게 발현된 것이라 할
수 있다. 뒤에 더 자세히 살펴보겠지만, '인'은 인간이 가져야
할 기본적인 덕목이라 할 수 있다. 공자는 제자들에게 인간으
로서의 가장 기본적인 덕목인 '인'을 실천할 것을 주문한 것
이다. 이러한 기본적인 실천에 온 힘을 쏟는 것이 선행되어야
하며, 그렇게 하고도 힘이 남았을 때에 비로소 '문'을 배울 수
있다.

여기에서의 '문'을 글로 해석하여 '학문(學文)'을 '글을 배우
라'고 번역해도 틀린 것은 아니겠지만, 이 역시 '꾸밈'으로 해
석하는 것이 적절하다. 그렇다면 공자의 제자들이 배운 '문'은
구체적으로 어떤 것일까? 그것은 앞의 '학습'에서 '시서예악'
과 '육예'에 대한 언급에서 이미 거론되었다. 즉 지배층인 군자
가 갖춰야 할 교양이다.

이렇게 보았을 때, 이 장의 내용은 인간으로서의 기본을 갖
추는 것을 바탕으로 삼고, 그 바탕 위에 군자가 되기 위한 꾸밈

을 시행해야 한다는 것이다. 부모에 불효하고, 이웃에게 불경하고, 행동을 삼가지 않거나 미덥지 않고, 뭇사람들을 사랑하지 않고, 어진 이를 친애하지 않는 사람은 교육을 받아봐야 오히려 세상을 어지럽힐 뿐이다. 여기에서 다시 강조할 것이 있는데, 공자의 교육이 사회를 이끌고 갈 지배층의 양성을 목적으로 한다는 것이다. 이처럼 지배층을 양성하는 것을 목적으로 하는 교육이 인간으로서의 기본적인 소양도 갖추지 못한 이에게 시행되는 것은 결코 바람직한 결과를 낳지 않는다. 타인에 대한 애정과 예의라는 기본적인 소양도 갖추지 못한 인간이 많은 지식을 쌓아 지도층이 됨으로써 나타나는 폐단을 우리는 너무도 많이 보았고, 보고 있다. 그들은 자신의 영달을 위해 나라를 팔고 수많은 사람들을 억압하고 심지어는 학살한다. 이것은 동서고금을 막론하고 나타나는 현상이다. 우선 인간이 되어야 한다.

지배층다운 덕목 하나: 인

이처럼 공자는 바탕을 중시했고, 인간이 갖춰야 할 바탕을 '인'이라고 했다. 그는 "인을 마주해서는 스승에게도 양보하지 않는다"(當仁, 不讓於師 —「위령공」)고 할 정도로 '인'을 중시했다. 그렇다면 '인'은 무엇일까? 사전상으로 '인'은 '어질 인'으로 풀이된다. 그런데 '어질다'는 풀이는 '인'만이 아니라 '현(賢)'에도 적용된다. 즉 '인'과 '현' 모두 '어질다'는 의미로 풀어내는데, 이 둘은 혼용해도 되는 글자가 아니다. 물론 둘 다 도덕적인 의미를 담고 있기는 하지만 '인'과는 달리 '현'에는 재능의 뛰어남이라는 의미도 있다. 요컨대 '어질다'는 풀이로는 '인'을 제대로 이해할 수 없다는 것이다. 그렇다면 공자가 말하는 '인'은 무엇인가?

『논어』에서 등장하는 수많은 '인'은 대부분 어떤 사람이 인한가 여부, 어떤 행위나 덕목이 인에 부합하는가 여부를 평가할 때 사용된다. "선생님께서는 이익과 운명과 인에 대해서는 드물게 말씀하셨다.(子罕言利與命與仁 —「자한」)"는 제자의 말처럼 '인'에 관한 직접적인 언급은 매우 드물며, 그에 관한 공자의 직접적인 정의는 한 차례 나올 뿐이나.

> 번지가 인에 대해 묻자 선생님께서 말씀하셨다. "사람을 사랑하는 것이다." (번지가) 앎에 대해서 묻자 선생님께서 말씀하셨다. "사람을 아는 것이다."(樊遲問仁. 子曰, 愛人. 問知. 子曰, 知人.)
> (「안연」)

공자는 여기에서 '인'이란 '사람을 사랑하는 것'이라고 명확하게 정의한다. 그런데 우리는 사랑이라고 하면 '인'보다 '애(愛)'를 떠올린다. 사랑하는 사람을 '애인'이라 하고, 사랑하는 개를 '애견'이라고 한다. 그렇다면 '인'과 '애'는 어떤 차이가 있을까? 우선 '애'는 모든 것을 대상으로 할 수 있다. 사람, 동물만이 아니라 물건도 '애'의 대상이 될 수 있다. '애'는 사랑한다는 의미 외에도 '아낀다' 등의 의미도 갖는데, 연인들 사이에 서로 '아껴준다'라고 할 때의 의미이다. 그리고 사람 이외의 것이 대상이 될 경우에, 예컨대 누군가가 선물해준 의복(衣服)을 아껴 입는다면, 그때의 '아낀다'는 '애'라는 한자로 번역되어 '愛衣服'으로 표현될 수 있다. '애'가 이처럼 '아낀다'로 해석될 때에는 '인색하다'는 의미로까지 나아가기도 하는데, 어떤 물건을 너무 아끼면 인색한 모습으로 비칠 수 있기 때문이다. 즉 '애'는 모든 것을 대상으로 하며, '인색하다'는 부정적인 의미로까지 해석될 수 있다.

이에 비해서 '인'이 '사랑한다'는 동사로 사용될 때, 대상은 오로지 인간만 될 수 있다. 즉 '인'은 인간에 대한 사랑, 즉 '인간 사랑', 혹은 '사람 사랑'이라고 할 수 있다. 이처럼 '사랑'은 대상에 따라 다른 단어로 표현되는데, 후대의 맹자의 '친친인민애물(親親仁民愛物)'이 대표적 사례이다. 여기에서의 '친', '인',

'애'는 모두 사랑한다는 의미를 갖는다. '친친'에서 앞의 '친'은 동사로서 친애한다는 뜻으로서, 사랑의 대상은 가족 등 친지(親)이다. '인민'에서의 '인' 역시 사랑한다는 의미이고, 사랑의 대상은 중국 왕의 통치권하의 백성(民)이다. 그리고 '애물'에서의 '애'도 사랑한다는 의미이고, 사랑의 대상은 사물과 동물, 중국 왕의 통치권에서 벗어난 이민족을 뜻하는 '물(物)'이다. 이처럼 사랑은 대상에 따라 다른 양상을 띠며, 그 가운데 '인'은 그 대상을 인간으로 한정한다.

물론 '인'을 '인간 사랑'이라고만 정의하지는 않는다. 그에 관한 학자들의 다양한 정의가 있는데, 그중 '사람다움'이라고 정의한 김교빈(『동양철학에세이』, 2006)과 '사람의 씨앗'이라고 정의한 전호근(『사람의 씨앗』, 2021)의 정의를 주목할 만하다. 김교빈은 '인'을 '사람다움'으로 해석하는 근거로 『중용』과 『맹자』의 "인이란 사람다운 것이다(仁者人也)."라는 구절을 제시하고 있다. 이처럼 '인'을 '사람다움'으로 정의할 때 매끄럽게 해석되는 『논어』의 구절들이 많다. 예컨대 "사람으로서 인하지 않으면 예와 같은 것은 어디에 쓸 것이며, 사람으로서 인하지 않으면 음악 같은 것을 어디에 쓸 것인가?"(人而不仁, 如禮何. 人而不仁, 如樂何.)(「팔일」)라는 구절에서 '인하다'를 '사람답다'라고 풀어서 "사람으로서 사람답지 않으면"이라고 번역하면 매우 매끄러워진다.

한편 전호근은 '인'을 '사람의 씨앗'으로 정의하는 이유로서 '인'에 '씨앗'이라는 의미가 있음을 제시한다. 맛있는 여름 과일인 복숭아씨를 '도인(桃仁)'이라고 하고, 화장품의 재료로도 쓰이는 살구씨를 '행인(杏仁)'이라고 하는 것처럼 말이다. 마치 복숭아씨가 있어야 복숭아나무와 열매가 있을 수 있듯이, 사람에게 '사람의 씨앗', 즉 '인'이 있어야 사람이 될 수 있다는 의미이다. 이것을 역으로 생각해보면, 사람에게 '인'이라는 '사람의 씨앗'이 없다면 그는 사람이라고 할 수 없다는, '인'이 없는 이는 사람이라고 할 수 없다는 무서운 의미를 품고 있다고 할 수 있다.

이처럼 '인'은 '인간 사랑', '사람다움', '사람의 씨앗' 등 다양하게 정의할 수 있는데, 이들은 각각 '인'의 여러 측면 가운데 하나를 드러냈다고 할 수 있다. 『논어』에 등장하는 '인'은 경우에 따라 사람을 사랑하는 것, 사람다움, 사람의 씨앗으로 달리 해석할 수 있다. 이 셋을 혼합하여 설명하자면, 인간이 인간을 사랑하는 것이 사람다운 태도이며, 그러한 인간에 대한 사랑이 바로 사람이 될 수 있는 씨앗을 보여준다고 할 수 있다.

내가 원하는 것을 상대에게 베풀라: 인

이처럼 '인'은 사람을 대상으로 하는 것이다. 즉 사람을 대할 때의 마음가짐이 어떠해야 하는가를 말하고 있다.

> 중궁이 인에 대해 여쭤보자 선생님께서 말씀하셨다. "집을 나서서는 마치 큰 손님을 뵙는 것처럼 사람을 대하고, 백성을 부릴 때에는 마치 큰 제사를 받들 듯이 하는 것이다. 내가 원하지 않는 것을 다른 사람에게 시행하지 말라. 나라 사람들에게 원망이 없고, 집안사람들에게 원망이 없어야 할 것이다." 중궁이 말했다. "제가 영민하지는 않지만, 이 말씀을 실천하고자 노력하겠습니다."(仲弓問仁. 子曰, 出門如見大賓, 使民如承大祭. 己所不欲, 勿施於人. 在邦無怨, 在家無怨. 仲弓曰, 雍雖不敏, 請事斯語矣.)(「안연」)

'인'이 무엇인가를 묻는 제자에게 공자는 사람을 대하는 자세로써 대답했다. 귀한 손님과 중요한 제사를 대하는 것처럼 조심스러운 마음으로 최선을 다해야 한다는 것이다. 그리고 내가 원치 않는 것을 다른 사람에게 시행하지 말라고 하는데, 이 언급은 매우 단순하고 상식적이다. 내가 싫어하는 언행을 상대에게 해서는 안 된다는 것을 모르는 사람은 없을 것이다. 하지만 그것을 제대로 실천하는 사람이 얼마나 될까? 스스로 돌아보았을 때 이에 대해 당당한 사람은 그리 많지 않을 것이다.

그래서인지 '내가 원하지 않는 것을 다른 사람에게 베풀지 말라'는 언급은 다른 장에도 등장한다. 이 장에서 '인'이라는 용어가 직접 사용되지는 않지만, '인'을 이해하는 데 도움을 주는 중요한 실마리가 제공된다.

> 자장이 물었다. "죽을 때까지 실행할 만한 말 한마디가 있습니까?" 선생님께서 말씀하셨다. "'서'일 것이다. 내가 원하지 않는 것을 다른 사람에게 베풀지 말라"(子貢問曰, 有一言而可以終身行之者乎. 子曰, 其恕乎. 己所不欲, 勿施於人.)(「위령공」)

평생 동안 실행할 만한 덕목을 묻는 자장에게 공자는 '서(恕)'를 제시한다. 그리고 '서'가 '내가 원하지 않는 것을 다른 사람에게 베풀지 않는 것', 즉 '인'과 같은 것임을 말했다. '서'라는 글자를 파자(破字)하면 '같을 여(如)'와 '마음 심(心)'이다. 즉 같은 마음이라는 뜻으로서, 입장을 바꿔서 생각해본다는 '역지사지(易地思之)'와 유사한 의미를 갖는다. 만약 친구가 잘못을 했다면, 우선 내가 그 친구의 입장에 서서 생각해본다. 그 결과 나 역시 그러한 잘못을 할 수 있다고 판단되면 나는 그의 잘못

· Concept Word ·

파자(破子)

한자(漢字)가 만들어진 원리로는 '상형(象形)', '지사(指事)', '회의(會意)', '형성(形聲)', '전주(轉注)', '가차(假借)'가 있다. 이 가운데 '회의'는 이미 만들어진 두 개 이상의 글자의 뜻을 결합하여 새로운 글자를 만들어내는 것이다. 해를 의미하는 '일(日)'과 달을 의미하는 '월(月)'을 결합하여 밝다는 의미의 '명(明)'을 만들어낸 것이 그 사례이다. 이처럼 '회의'에 의해 만들어진 글자를 합쳐지기 이전의 원래 상태로 되돌리는 것을 '파자', 즉 글자를 깨뜨린다고 한다. 예컨대, '明'을 '파자' 하면 '日'과 '月'이 된다. 예전의 선비들은 이러한 '파자'를 통해서 일종의 언어유희를 즐기기도 했다.

을 받아들이게[恕] 되는데, 그것이 바로 '용서(容恕)'이다. 하지만 그의 입장에서 생각해보았는데 나라면 도저히 그런 행동을 하지 못할 것이라고 판단된다면, 그의 잘못을 용서할 수 없다. 예컨대 자신의 권력욕을 채우기 위해서 무고한 시민을 총칼로 짓밟는 행위를 한 자에 대해서, 그의 입장에서 생각해보았을 때 도저히 나는 그렇게 할 수 없다고 한다면, 용서는 불가능하다.

이처럼 남의 입장에서 생각해보는 마음을 갖는 이들이 자신이 싫어하는 행위를 상대에게 할 리가 없다. 그 마음에는 이미 사람에 대한 사랑, 즉 인이 자리하고 있는 것이다. 이처럼 인이란 멀리 있는 것이 아니다.

앞에서 다뤘던 장을 다시 불러들여서 설명해보자.

자공이 말했다. "만약 백성들에게 널리 베풀고 뭇사람들을 구제할 수 있다면 어떻습니까? 인하다 할 만합니까?" 선생님께서 말씀하셨다. "어찌 인에 해당하는 일이겠느냐? 반드시 성인일 것이다. 요임금과 순임금도 오히려 그것을 하지 못함을 걱정하셨다. 무릇 인이란 자신이 서고자 하면 다른 사람을 세워주고 자신이 영달하고 싶으면 다른 사람을 영달시키는 것이다. 가까운 것에서 취하여 깨닫는 것이 인의 방도라고 할 수 있다."(子貢曰, 如有博施於民而能濟衆, 何如. 可謂仁乎. 子曰, 何事於仁. 必也聖乎. 堯舜其猶病諸. 夫仁者, 己欲立而立人, 己欲達而達人. 能近取譬, 可謂仁之方也已.)(「옹야」)

여기에서 자신이 원하는 바를 다른 사람에게 실천하는 것이 인이라는 답변은 앞에서의 '내가 원치 않는 것'을 상대에게 실행하지 말라는 것과 큰 차이가 없다. 모두 내 마음을 미뤄 상대를 헤아린다는 공감을 중시하고 있는 것이다.

그런데 이 장에서는 '인'에 대한 또 하나의 가르침을 준다. 공자가 보기에 자공은 '인'을 너무 어려운 것으로 이해하고 있다. 자공은 아마도 '백성에게 널리 베풀고 뭇사람을 구제'하는 것을 '인'으로 보아 질문을 했던 것 같다. 하지만 이것은 요순과 같은 성인도 하지 못했던 것이다. 만약 자공처럼 이해를 한다면, '인'은 성인의 경지에 오르지 못한 사람이 추구할 수 없는 것이 된다. 따라서 공자는 '인'을 비근한 것에서 찾을 것을 권유한다. 우선 내가 원하는 것을 상대에게 베푸는 것에서 출발하라고 말이다.

그렇다고 해서 세상 사람들 구제라는 목적을 포기하라고 한 것은 아니다. 앞서도 보았듯이 공자의 목적은 모든 사람들이 구제되는 세상이라 할 수 있다. 다만 이처럼 높은 목적을 달성하기 위해서는 낮은 단계에서의 실천이 선행되어야 한다. 목적 달성을 위해서는 우선 나 자신이 무엇을 원하는지를 파악하여 그것을 타인에게 실행하라는 것이다. 이처럼 『논어』에서 공자가 제시하는 길은 대부분 일상적이고 평이하다. 진리란 먼 곳이 아니라 우리 일상 속에 있는 것이다.

생명을 바쳐서라도 '인'을 이룬다

이처럼 가까운 데에서 출발하는 '인'이지만, 그것을 체화하는 삶은 녹록지 않다. 공자가 가장 아낀 제자인 안회조차도 "그 마음이 석 달 동안 인을 어기지 않았을 뿐이다."(回也, 其心三月不違仁. ─「옹야」)라고 했다. '인'은 일상적인 것에서 출발하지만,

그것을 체화하는 것은 쉽지 않다.

> 선생님께서 말씀하셨다. "(……) 군자가 인을 벗어나서 어떻게
> 이름을 이룰 수 있겠는가. 군자는 밥 한 끼를 먹는 동안에도
> 인을 어기지 않고, 다급할 때에도 반드시 인에 의지하고 엎어
> 지고 자빠질 때에도 반드시 인에 의지해야 한다."(子曰, (……) 君
> 子去仁, 惡乎成名. 君子無終食之間違仁, 造次必於是, 顚沛必於是.)(「이인」)

　인을 체화하기 위해서는 밥먹을 때, 다급할 때, 심지어는
넘어질 때조차도 인을 생각하고 유지하는 노력이 필요하다. 이
러한 노력을 통해서야만 인이 몸에 익어서 내 모든 행동이 자
연스럽게 인하게 될 것이다. 이처럼 인을 체화하기 위한 노력,
그리고 그것을 체화한 삶은 생명까지도 거는 것이었다.

> 선생님께서 말씀하셨다. "뜻있는 선비와 인한 사람이, 살기
> 위해서 인을 해치는 경우는 없으며, 자신을 죽여서 인을 이루
> 는 경우는 있다."(子曰, 志士仁人, 無求生以害仁, 有殺身以成仁.)(「위령공」)

　여기에서의 '지사'는 옳은 것에 뜻을 둔 선비를 가리킨다.
공자는 이러한 지사와 인한 사람은 자신의 목숨보다 인을 더

중시한다고 한다. 목숨과 인 가운데 하나를 택해야 한다면, 인을 택하는 자만이 지사이며 인한 사람이다. 이처럼 지사와 인한 사람은 쉽게 될 수 없다. 안중근, 윤봉길, 유관순처럼 자신의 생명을 걸고 불의에 항거할 수 있는 이들이 얼마나 될까? 그것이 쉽지 않음을 알기 때문에 우리는 그들을 존경하고 추모하는 것일 게다.

가깝고 일상적인 삶 속에 있는 '인'이지만 이것을 체화하는 것은 이처럼 어려운 것이다.

'인'의 실천으로서의 가족 사랑: 효

그렇다면 우리는 이러한 '인'을 체화하기 위해서 무엇부터 실천해야 할까? 앞서 말했듯이 가장 가까운 것에서 출발해야 할 것이다.

> 유 선생님이 말씀하셨다. "그 사람됨이 효성스럽고 우애가 있으면서 윗사람을 범하기를 좋아하는 자는 드물 것이며, 윗사람을 범하기를 좋아하지 않으면서 난을 일으키는 것을 좋아하는 자는 없었다. 군자는 근본에 힘써야 하니 근본이 확립되면

길은 (자연스럽게) 생겨난다. 효성과 우애는 아마도 인을 실천
하는 근본일 것이다.＂(有子曰, 其爲人也孝弟, 而好犯上者, 鮮矣, 不好犯上,
而好作亂者, 未之有也. 君子務本, 本立而道生. 孝弟也者, 其爲仁之本與.)(「학이」)

　　여기에서의 '유 선생님[有子]'은 공자의 제자인 유약(有若)으
로서, 그의 제자들이 『논어』를 편찬했을 것이라고 앞에서 말했
다. 이 장의 말은 공자의 것이 아니지만, 『논어』에 나타나는 공
자의 다른 언급들과 서로 충돌하지 않기 때문에 그의 생각으
로 보아도 큰 무리는 없을 것이다. 여기에서 유약은 '효'와 '제'
를 '인'을 실천하는 출발점으로 보고 있는데, 효는 부모에 대한
존경과 사랑을, 제는 형에 대한 존경과 사랑을 의미한다. 가족
에 대한 사랑인 '효제'가 '인간 사랑'으로서의 '인'을 실천하는
출발점이라는 것이다.

　　앞에서도 살펴보았고 여기에서도 나타나듯이 유가의 '인'
은 가깝고 일상적인 것에서 출발하며, 따라서 그 실천은 대단
히 쉽다. 우리는 지구촌 어딘가의 어린이들이 국가 경제의 낙
후함, 전쟁, 기후변화 등으로 인해서 죽어가는 모습을 보고 안
타까워하며, 어떤 사람은 그들에게 도움을 주기 위해 여러 활
동을 하기도 한다. 그리고 이러한 인간에 대한 사랑을 인간으
로서 가지는 당연한 마음으로 여긴다. 하지만 우리의 마음이

항상 그들에게 닿아 있지는 않다. 생사의 갈림길에 선 그들이 있음을 알더라도 우리의 몸은 그들로부터 멀리 떨어져 있고, 우리의 마음도 몸만큼 멀리 떨어져 있는 것이 사실이다. 그들보다는 우리 눈앞에 있는 가까운 사람들에 더 관심을 쏟게 되고 그 가까운 존재는 대부분 가족이다. 따라서 '인간 사랑'을 주장하면서도 그 사랑의 실천은 가장 가까운 존재인 가족에서부터 시작할 것을 주장하는 유가 사상이 사람들에게 쉽게 수용되는 것이다.

그런데 이러한 수용의 용이성이 오히려 유가적 도덕율의 강압성을 심화하기도 한다. 효와 제라는 가족 사랑은 원초적인 것이기 때문에 쉽게 수용할 수 있고, 그만큼 모든 사람이 그것을 실천해야 한다는 데 동의하기도 쉽다. 그리고 이러한 동의에 의해 효와 제는 모두가 지켜야 할 도덕율로 자리를 잡는다. 따라서 이러한 과정을 거쳐 수립된 효와 제라는 도덕율을 실천하지 않는 사람에게는 '사람답지 않다'라는 낙인이 쉽게 찍힐 수 있다. 가족에 대한 사랑, 특히 부모에 대한 사랑이 없다면, 그는 사람답지 않으며, 인간 사랑이 없는 자이다. 실제로 유학에 기반한 사회에서 효로 대표되는 가족 사랑은 인간이 갖춰야 할 필수적이며 강제적인 덕목으로 작동했다.

그리고 효는 배타성을 띠기도 한다. 앞서 살펴본 맹자의

'친친(親親)', '인민(仁民)', '애물(愛物)'이 그것을 잘 드러낸다. 부모 형제를 비롯한 가족 친지에 대한 사랑[親]과 백성에 대한 사랑[仁]과 이민족과 사물에 대한 사랑[愛]을 구분하고, 가족 사랑이 다른 모든 사랑보다 우선해야 한다는 주장은 자기 가족에 대한 배타적 사랑을 담고 있다. 공자의 말에서도 이렇게 해석할 여지가 있는 것들이 보인다.

> 섭공이 공 선생님께 말했다. "우리 마을에 곧은 태도를 가진 사람이 있는데, 아버지가 양을 훔치니 아들이 그것을 증언합니다." 공 선생님께서 말씀하셨다. "우리 마을의 곧은 사람은 이와는 다릅니다. 아버지는 아들을 위해 감춰주고 아들은 아버지를 위해 감춰줍니다. 곧음이란 그 가운데 있는 것이지요."(葉公語孔子曰, 吾黨有直躬者, 其父攘羊, 而子證之. 孔子曰, 吾黨之直者異於是, 父爲子隱, 子爲父隱. 直在其中矣.)(「자로」)

초(楚)나라의 대부인 섭공은 자식이 아버지의 잘못을 거짓 없이 드러내는 것을 곧음이라고 말한다. 섭공의 이 말에서 우리는 철저한 원칙주의자를 떠올리게 된다. 범죄를 저질렀다면 아무리 아버지라 해도 법의 심판을 받도록 해야 한다는 원칙주의자 말이다. 그러한 사람을 옳다고 할 수 있을까? 간단히 답할 수 있는 문제는 아니다.

우리가 주목할 것은 이 말에 대한 공자의 대응이다. 그는 아버지와 자식은 서로의 잘못을 감춰줘야 한다고 하면서, 곧음이란 그 가운데에 있다고 말한다. 이게 무슨 말일까? 이해하기 힘들다. 그래서인지 주희는 『논어집주』에서 이에 대해서 설명을 한다. "아버지와 아들이 서로의 잘못을 감춰주는 것은 천리(天理)와 인정(人情) 가운데에서도 최고의 가치이다. 그러므로 (서로를 감춰주면) 곧음을 추구하지 않더라도 곧음은 그 가운데에 있을 것이다." 주희는 부자간의 관계를 우주의 원리 가운데에서도 최상의 가치이며, 인간의 감정 가운데에서도 가장 우선시해야 할 것이라고 한다. 따라서 지상의 가치인 부자간의 사랑을 실천하면 하위의 가치인 곧음은 자연스럽게 실현된다고 설명한 것이다. 공자가 말하고자 한 바가 주희의 설명과 일치하는지는 알 수 없지만, 여기에서 공자가 아버지와 아들 사이의 사랑을 가장 우선시해야 할 가치로 여겼다는 점은 분명하다.

이러한 공자의 태도는, 묵자가 비판한 차별적인 사랑이라고 할 수 있으며, 21세기인 현재에도 배타적 가족주의의 모습으로 드러나고 있다. "팔은 안으로 굽는다"는 말에서도 나타나듯이 내 가족을 위시한 나와 가까운 이들을 챙기고 편드는 모습은 우리 사회 곳곳에서 볼 수 있으며, 우리 사회를 병들게 하는 원인 중 하나로 지적되고 있다.

예에 맞게 부모를 섬김: 효

이처럼 '효'는 차별적이고 배타적인 사랑으로 비칠 수 있다. 하지만 공자의 효에 대한 언급을 검토해보면, 이러한 부정적인 측면을 상쇄할 만한 요소가 없지는 않다.

'인', '군자' 등 다른 사항에 대한 언급과 마찬가지로 효에 대한 공자의 언급도 제자나 당시의 권력자와 나눈 대화 속에서 찾을 수 있다. 따라서 효에 대한 그의 언급은 대화 상대에 따라 그 내용을 달리한다. 예컨대, 부모님이 자식의 건강 이외의 것을 걱정하지 않게 하는 것, 부모님을 모실 때 공경하는 태도를 갖는 것, 힘든 일을 하더라도 언제나 온화한 낯빛으로 부모님을 대하는 것(이상 「위정」), 부모가 살아 계시면 멀리 여행하지 않고 여행하더라도 반드시 있는 곳을 알릴 것, 부모님의 나이를 반드시 알 것(이상 「이인」) 등 무엇이 효인가에 대한 언급은 매우 다양하다. 그리고 이처럼 다양하게 규정한 효는 대부분 우리가 공감할 수 있는 상식적인 것이다.

하지만 효에 대한 공자의 언급이 모두 상식적인 것은 아니다. 우선 '효'라는 용어가 노출되지는 않았지만, 부모에 대한 자식의 태도를 말하는 구절을 살펴보도록 하자.

> 선생님께서 말씀하셨다. "부모님을 모실 때에는 조심스럽게 간언해야 한다. 자기 뜻이 받아들여지지 않더라도 다시 공경하여 어긋나게 행동하지 않고 고생스럽더라도 원망하지 않아야 한다."(子曰, 事父母幾諫, 見志不從, 又敬不違, 勞而不怨.)(「이인」)

여기에서 우리가 주목할 점은 부모님께 간언한다는 것이다. 간언은 윗사람의 잘못에 대한 충고이다. 따라서 부모님께 간언한다는 것은 부모의 잘못을 방관하거나 맹종하지 않고 고치도록 노력한다는 것을 말한다. 물론 이 장에서 말하는 것처럼 부모님께 간언할 때에는 조심스럽게 해야 하며, 자신의 뜻이 받아들여지지 않더라도 공경하는 태도를 취해야 한다. 하지만 부모님이 자신의 간언을 받아들이지 않는다고 해서 포기해서도 안 된다. 고생스럽더라도 부모님을 원망하지 않고 잘못을 고치실 때까지 간언해야 한다.

이처럼 부모님께 대들어서도 안 되지만 그렇다고 부모님의 잘못을 방치해서도 안 되는 힘든 과정을 감내하는 이유는 무엇일까? 그것은 주희의 말처럼, "(부모님이) 지역 사회의 사람들에게 죄를 짓는 것보다 낫기 때문이다." 이처럼 효는 부모에 대한 무조건적인 추종을 의미하지 않으며, 부모의 잘못을 추종하는 행위는 결국 부모님이 사회적 지탄의 대상이 되게 하는 불효가 된다.

나아가 부모님에 대한 사랑의 표현 방식이 사회적인 통념에서 벗어난다면 이 역시 불효가 된다.

> 맹의자가 효를 묻자 선생님께서 말씀하셨다. "어김이 없는 것입니다." 번지가 수레를 모는데 선생님께서 이 일을 말씀해주셨다. "맹손씨가 내게 효를 묻기에 내가 '어김이 없는 것이다'라고 했단다." 번지가 말했다. "무엇을 말씀하신 것입니까?" 선생님께서 말씀하셨다. "부모님이 살아 계실 때에는 예에 따라 섬기고, 돌아가시면 예에 따라 장례를 치르고 예에 따라 제사를 지내는 것이다."(孟懿子問孝. 子曰, 無違. 樊遲御, 子告之曰, 孟孫問孝於我, 我對曰, 無違. 樊遲曰, 何謂也. 子曰, 生事之以禮, 死葬之以禮, 祭之以禮.)
>
> (「위정」)

맹의자는 노나라의 권력을 농단한 맹손씨 가문 사람이다. 그가 공자에게 효가 무엇인지를 질문했고 공자는 '어김이 없는 것'이라는 답변을 했다. 이 말을 듣고 떠나간 맹의자는 공자의 답변을 어떻게 이해했을까? 아마도 이 글을 읽고 있는 독자들과 마찬가지로 '부모의 뜻을 어김이 없는 것'으로 이해했을 것이다. 우리 모두가 어릴 적에 '부모님 말씀 잘 들어야 한다'는 말을 들으며 살지 않았던가. 하지만 공자는 자신이 하고자 한 말을 끝낸 것이 아니었다. 아마도 공자는 '무엇을 어김이 없는 것인데요?'라는 맹의자의 되물음을 기대했을 것이다. 그래야 자신이 정말 하고 싶은 말을 할 수 있기 때문이다. 그런데 맹의자의 되물음은 없었고, 공자는 자신의 뜻을 말할 기회를 잃었다. 결국 공자는 영민한 제자 번지의 질문에 답하는 형식으로 자신의 생각을 드러낸다.

여기에서 흥미로운 것은 '효'를 묻는 질문에 '예'라는 용어를 사용한 답변이 제시됐다는 점이다. 부모님이 살아 계시건 돌아가셨건 간에 예에 따라 섬겨야 한다는 것으로서, 결국 공자가 말한 '어김이 없음'은 '예를 어김이 없음'을 의미한다. 즉 효란 예를 어김이 없이 부모님을 섬기는 것이다. 그렇다면 예를 어기면 어떤 일이 발생하기에 공자는 이 말을 한 것일까? 예를 어기면 앞서의 부모의 잘못을 방관했을 때와 같은 결과를 가져오기 때문이다. 즉 예를 준수하지 않고서 부모를 섬겼을 때, 내 부모는 사회적 지탄의 대상이 되기 때문이다.

사회적 통념이 외면화된 예

그렇다면 예란 무엇이기에 부모를 섬길 때에도 그것을 준수해야 하며, 그것을 준수하지 않으면 지탄의 대상이 되는 것일까? 예는 그 범위가 워낙 넓기 때문에 한마디로 규정하기가 쉽지는 않다. 작게는 개인적인 예의범절에서부터 크게는 국가의 제도까지 모두 예라고 할 수 있는데, 공통적인 특성은 외적으로 제도화되었다는 것이다. 윗사람에게 어떠한 자세로 인사를 해야 하는지, 부모가 돌아가셨을 때 어떠한 형식으로 상을 치르고 제사를 모셔야 하는지, 국가 사회의 구성원들이 신분에 따라 어떠한 복식을 갖춰야 하는지 등이 모두 예라는 이름으로 규정된다.

그리고 이러한 예의 이면에는 윗사람에 대한 공경, 부모에 대한 사랑, 신분에 따른 차등이 사리하고 있다. 예는 이처럼 이면에 자리하고 있는 생각들이 외적으로 제도화된 것이다. 더 자세히 말하자면, 예란 사회 구성원 사이에 통용되는 생각, 즉 사회적 통념이 외면화된 것이다. 그래서인지 공자는 현실에서의 예를 낳은 사회적 통념이 어디에서 연원하는가에 주목하기도 한다.

좀 길지만 '삼년상'이라는 '상례(喪禮)'의 연원에 관한 공자의 설명을 보자.

재아가 물었다. "삼년상은 기한이 너무 오래인 것 같습니다.
군자가 삼 년 동안 예를 실행하지 않으면 예는 반드시 붕괴
될 것이며, 삼 년 동안 음악을 실행하지 않으면 음악은 반드
시 붕괴될 것입니다. 묵은 곡식이 이미 없어지고 새 곡식이
상에 올라오고 매년 불씨를 새로 일으키는 것처럼 일 년으로
끝내는 것이 좋을 듯합니다." 선생님께서 말씀하셨다. "(삼년
상을 치르지 않고서) 쌀밥을 먹고 비단옷을 입어도 네게는 편안
할 것 같으냐?" (재아가) 말했다. "편안할 것 같습니다." (선생
님께서 말씀하셨다.) "네가 편안하다면 그렇게 하려무나. 무릇
군자는 상중에 맛난 것을 먹어도 달지 않고 음악을 들어도 즐
겁지 않으며 거처함에 편안하지 않기 때문에 하지 않는 것이
다. 지금 너는 편안하다고 하니 그렇게 하려무나." 재아가 나
가자 선생님께서 말씀하셨다. "여(재아의 이름)는 인하지 않구
나. 자식은 태어나서 삼 년이 지난 후에야 부모의 품에서 벗
어나니, 삼 년의 상은 천하에 통용되는 상례이다. 여도 부모에
게 삼 년간의 사랑을 받았을까." (宰我問, 三年之喪, 期已久矣. 君子三年
不爲禮, 禮必壞, 三年不爲樂, 樂必崩. 舊穀旣沒, 新穀旣升, 鑽燧改火, 期可已矣. 子
曰, 食夫稻, 衣夫錦, 於女安乎. 曰, 安. 女安則爲之. 夫君子之居喪, 食旨不甘, 聞樂不

154

樂, 居處不安, 故不爲也. 今女安則爲之. 宰我出. 子曰, 予之不仁也. 子生三年, 然後免

於父母之懷. 夫三年之喪, 天下之通喪也, 予也有三年之愛於其父母乎.)(「양화」)

여기에 등장하는 '재아'는 앞에서 다뤘던, 낮잠을 자다 들켜서 꾸지람을 들은 '재여'이다. 그가 이번에는 삼년상의 기간이 너무 길다고 하면서, 일 년간 치르는 기년상으로 바꿀 것을 제안한다. 지금도 삼년상이라는 제도가 남아 있기는 하지만, 실제로 이를 실행하는 사람은 거의 없다. 삼년상은 부모가 죽으면 약 이 년 동안 부모를 추모하면서 지내는 상례인데, 이 기간에는 묘 옆에 움막을 짓고 묘를 돌보면서 부모를 기리는 시묘(侍墓)살이를 한다. 따라서 이러한 삼년상을 원칙대로 치르는 것은 결코 쉽지 않았다. 집안의 가장이 삼 년간 시묘살이를 한다면 집안 사람들의 생계는 막막해질 수밖에 없었을 것이며, 그러한 집안 살림을 책임져야 할 안주인인 여성의 고생이 어느 정도였을까는 충분히 추측할 수 있다. 그래서인지, '삼불거(三不去)' 가운데 '시집와서 시부모의 삼년상을 치른 경우에는 그 여인을 쫓아낼 수 없다'는 구절이 포함되어 있기도 하다.

공자 당시의 삼년상이 조선시대와 같은 형식으로 진행되었는지를 알 수는 없지만, 당시에도 쉽게 행할 수 없는 것이었기 때문에 재아가 문제를 제기했을 것이다. 하지만 공자는 삼년상

삼불거

'삼불거'는 '칠거지악(七去之惡)'의 남용에 대한 대비책이라고 할 수 있다. 가부장적 질서가 지배하던 조선 사회에서 여인들은 칠거지악이라는 일곱 가지의 악행을 저지르면 이혼당할 수 있었다. 그 세목은 '시부모에게 순종하지 않는 것', '아들을 낳지 못한 것', '음탕한 것', '질투가 심한 것', '몹쓸 병에 걸린 것', '말이 많은 것', '도벽이 있는 것' 등이다. 이에 반해서 칠거지악에 해당하는 여인이라도 세 가지의 경우에는 내쫓을 수 없었으니, 그것이 '삼불거'이다. 그 세목은 '시집와서 시부모의 삼년상을 치른 경우', '돌아갈 친정이 없는 경우', '시집왔을 때는 가난했는데 뒤에 부자가 된 경우' 등이다. 삼불거에 '시집와서 시부모의 삼년상을 치른 경우'가 포함된 것을 보더라도 삼년상이 얼마나 힘든 것이었는지를 추측할 수 있다.

이라는 예법의 연원을 설명하면서 재아를 꾸짖었다. 즉 누군가의 보호 없이는 생존할 수 없는 갓 태어난 나를 삼 년간 보호해준 이가 부모이고, 이처럼 보호해준 부모의 은혜에 보답하기 위해서 부모가 돌아가셨을 때 삼 년간 추모하게 되었다는 것이다. 그리고 이 기간에는 부모를 잃은 슬픔으로 인해서 어떠한 일상생활도 불가능하기 때문에, 자연스럽게 삼 년간은 음식과 의복에 신경을 쓸 수가 없다고 한다.

여기에서 주목할 점은, 삼년상의 연원에 관한 공자의 설명이 설득력이 있는가가 아니라, 그 연원을 따지는 그의 태도이다. 그는 기존의 삼년상을 답습하기만 한 것이 아니라 연원을 따져서 그것을 시행하는 이유를 밝혔고, 그것을 시행할 때의 마음이 어떠한지를 말했다. 그에게 예는 억지로 시행해야 할 것이 아니라 자신의 마음을 표현하는 방도였다.

> 임방이 예의 근본을 묻자 선생님께서 말씀하셨다. "큰 질문이 구나. 예는 사치스럽기보다는 검소하게 해야 할 것이며, 상은 잘 갖춰서 치르기보다는 슬퍼해야 할 것이다."(林放問禮之本. 子 曰, 大哉問. 禮, 與其奢也寧儉, 喪, 與其易也寧戚.)(「팔일」)

'예'의 근본을 묻는 제자 임방에게 공자는 '예'와 '상'을 나누어 답하고 있는데, 사실 '상' 역시 상례(喪禮)로서 예에 속한다. 그는 상례를 치르는 이유가 돌아가신 부모님에 대한 사랑을 표현하는 것이기 때문에, 외적 형식에만 치중하여 매끄럽게 치르기보다는 다시는 부모님을 뵐 수 없음을 슬퍼하는 것이 옳다고 한다.

이처럼 왜 예를 실행하는지, 그리고 그것을 실행할 때 어떤 자세여야 하는지에 관한 공자의 생각은 관(冠)을 쓰는 예법, 윗사람에 절을 하는 예법에 관한 언급에서도 일관되게 드러난다.

> 선생님께서 말씀하셨다. "(값비싼) 검은 베로 만든 관을 쓰는 것이 예법에 맞는데 오늘날에는 (값싼) 명주실로 만든 관을

쓰니 검소한 것이다. 나는 (오늘날의) 대중을 따르겠다. 건물 아래에서 절하는 것이 예법에 맞는데 요즘은 건물 위에 올라가서 절을 하니 교만한 것이다. 비록 대중과 어긋나더라도 나는 아래에서 절하는 예법을 따르겠다."(子曰, 麻冕, 禮也, 今也純, 儉, 吾從衆. 拜下, 禮也, 今拜乎上, 泰也. 雖違衆, 吾從下.)(「자한」)

관을 쓰는 예법이 있다면, 그러한 예법이 왜 생겼는지를 따져봐야 한다. 그 이유는 머리를 보호하는 데 있을 것이다. 그렇다면 구태여 기존의 예법에서처럼 비싼 재료를 사용할 필요는 없다. 싼 재료로 만든 관을 쓰는 것이 예법의 본래 의도를 어기는 것이 아니며, 오히려 검소한 것이기 때문에 권장할 만하다. 따라서 공자 자신은 당시의 대중들처럼 싼 재료로 만든 관을 쓰겠다고 한다. 한편 절은 자신의 머리나 몸을 낮춤으로써 상대를 높이는 행위이다. 이처럼 자신을 낮춤으로써 상대에 대한 존경을 표현하는 것이 절이라면, 건물 위에 올라가서 하는 것보다는 건물 아래에서 하는 것이 예법의 본래 의도에 부합한다. 따라서 당시 사람들이 건물 위에 올라가서 절을 하더라도 자신은 기존에 예법에 따라 건물 아래에서 절을 하겠다고 한다.

예라는 것이 외적으로 드러나는 것이기 때문에, 사람들은 대부분 그 형식이 어떠한가와 그것을 준수하는가만을 따진다.

하지만 공자는 예의 연원과 의도, 그리고 예를 실행할 때의 마음가짐이 어떠해야 하는가에 관심을 기울였다. 따라서 공자가 예를 중시했다는 것을 기존의 예를 고수해야 함을 주장했다고 오해해서는 안 된다. 형식적으로는 기존의 예와 다르더라도 예를 실행하는 사람의 의도와 마음가짐이 본래의 것과 부합한다면, 공자는 용인했을 것이다.

사회 제도로서의 예

그런데 예는, 앞에서 살펴본 것처럼 부모나 윗사람에 대한 사랑과 공경을 표현하는 방식일 뿐 아니라, 사회 제도를 가리키기도 한다. 이러한 사회 제도로서의 예는 사회적 신분이나 역할에 따르는 차등을 드러내기도 한다.

공자가 꿈속에서라도 만나기를 소망한 주공(周公)은 조카 성왕(成王)을 위해 섭정을 하면서 주나라의 제도를 갖추는데, 그것을 '주례(周禮)'라고 한다. 그리고 이 주례의 핵심인 종법 제도는, 앞에서 말한 것처럼, 왕이 제후들에게 영토를 위임하고 제후들이 왕에게 충성하면서 자신에게 위임된 영토를 다스리는 형태를 띤다. 그리고 왕과 제후들 사이에서 중시할 것은 왕만

이 가지는 힘을 제후들이 인정하고 침범하지 않는다는 것이다.

공 선생님께서 말씀하셨다. "천하에 도가 있으면 예악과 정벌이 천자로부터 나오는데, 천하에 도가 없으면 예악과 정벌이 제후로부터 나온다. 제후로부터 (예악과 정벌이) 나온다면 열 세대 안에 망하지 않는 경우가 드물 것이며, 대부로부터 (예악과 정벌이) 나온다면 다섯 세대 안에 망하지 않는 경우가 드물 것이며, 가신이 나라의 명령을 집행하면 세 세대 안에 망하지 않는 경우가 드물 것이다. 천하에 도가 있으면 정사가 대부에게 달려 있지 않을 것이고, 천하에 도가 있으면 일반 백성들이 (정치에 대해서) 의논하지 않을 것이다."(孔子曰, 天下有道, 則禮樂征伐自天子出, 天下無道, 則禮樂征伐自諸侯出. 自諸侯出, 蓋十世希不失矣, 自大夫出, 五世希不失矣, 陪臣執國命, 三世希不失矣. 天下有道, 則政不在大夫. 天下有道, 則庶人不議.)(「계씨」)

여기에서의 '천자'는 하늘[天]의 아들[子]로서, 하늘을 대신해서 인간 세상을 다스리는 존재, 즉 중국의 왕이다. 다시 말해 주나라 왕을 가리키며, 진나라 이후 중국의 군주였던 '황제'도 이 명칭으로 불렸다.

이 장에서 공자는 우선 원래의 주나라가 어떻게 운영되어야 하는지를 말한다. 주나라 제도가 정상적으로 작동한다면, 제후들이 주나라 왕으로부터 일정 지역을 위임받아 통치하더라도 예악과 정벌, 즉 제도와 군사에서는 왕의 명령을 따라야 한다. 그런데 공자의 활동 시기인 춘추시대에는 제후들이 왕의 명령 없이 자국의 군대를 동원하여 전쟁을 벌였고, 제후들로부터 권력을 위임받은 대부(大夫)들이 제후를 무시하고 군대를 기르고 성을 쌓았다. 왕이 쥐고 있어야 할 정벌권이 이미 제후들과 대부들의 손에 들어간 것이다.

또한 왕의 명령에 의해 진행되어야 할 예악을 제후도 아닌 대부들이 농락하는 현상이 나타나기도 하는데, 이것을 상징적으로 보여주는 것이 노나라 대부 계손씨 집안의 제사에서 팔일무(八佾舞)를 춘 사건이다.

> 공 선생님께서 계씨에 대해서 말씀하셨다. "팔일무를 자기 가문의 제사에서 추게 하니, 이런 일을 차마 할 수 있다면 무엇을 차마 하지 못하겠는가?"(孔子謂季氏, 八佾舞於庭, 是可忍也, 孰不可忍也.)(「팔일」)

과거에는 제사를 지낼 때 음악을 연주하고 춤을 추었다. 제사에서 음악을 연주하고 춤을 추었다고 하면 이상하게 여길 수도 있다. 하지만 2001년에 유네스코(UNESCO, 유엔교육과학문화기구)의 '인류 구전 및 무형유산 걸작'으로 선정된 '종묘제례(宗廟祭禮)'에서도 음악과 춤이 시행되는 것을 통해 알 수 있듯이, 국가 등 큰 집단의 제사에서 음악과 춤은 필수적인 것이었다.

그중 '팔일무'라는 춤은 주나라 왕의 제사에서 시행되었다. 총 64명의 무용수가 가로 세로 각 여덟 줄을 지어 추는 춤으로서 주나라 왕이 주관하는 제사에서만 출 수 있었고, 그 아래 신분의 사람들이 주관하는 제사에서는 춤을 추는 사람의 수를 차등 적용했다. 즉 제후는 무용수가 가로 세로 여섯 줄을 지어 추는 육일무(36명), 그리고 대부는 사일무(16명)를 추게 할 수 있었다. 그런데 노나라 대부인 계손씨 집안 제사에서 '팔일무'라는 제도를 사용한 것이다. 계손씨 집안의 이런 행태를 요즘의 군대로 표현하자면, 대위가 별 네 개짜리 대장 계급장을 붙이고 다니는 격이다.

노나라 대부 집안에서 예악을 참용(僭用)한 사례는 아래 글에서도 볼 수 있다.

세 집안 사람들이 (제사에서) '옹' 음악을 연주하면서 제사 음식을 거두니, 선생님께서 말씀하셨다. "'제후들이 천자의 제사를 도우니 천자께서 온화한 모습을 보이시네.'라는 음악을

어찌 세 집안의 묘당에서 취하겠는가?"(三家者以雍徹. 子曰, 相維
公, 天子穆穆, 奚取於三家之堂.)(「팔일」)

　여기에서의 세 집안은 노나라의 대부 맹손, 숙손, 계손 가
문인데, 이들이 자신들의 제사에서 '옹'이라는 음악을 연주한
것이다. '옹'은 지금 유통되는 『시경(詩經)』(「주송(周頌)」 '신공지십(臣
工之什))에도 실려 있는데, 그 가사가 "제후들이 천자의 제사를
도우니 천자께서 온화한 모습을 보이시네"이다. 주나라 왕이
주관하는 제사에서 제후들이 시중을 들자 흐뭇해하는 왕의 모
습을 묘사한 것이다. 따라서 이런 음악은 오로지 왕의 제사에
서만 사용될 수 있는 것이다. 그런데 제후도 아닌 대부의 집안
제사에서 이 노래를 부르니, 한 편의 희극을 연출한 격이다.

사회 구성원의 단합을 추구하는 수단: 예

　예는 이처럼 신분이나 지위를 나누고 그에 따라 다르게 시
행하는 것이지만, 예의 중요한 기능 가운데 하나가 사회 구성
원의 단합과 안녕이기도 하다.

유 선생님이 말씀하셨다. "예의 기능은 화합이 중요하다. 선대의 위대한 임금께서 이것을 아름답게 여기시니 크고 작은 일에서 모두 이것을 따랐다. (그런데) 행하지 않아야 할 것이 있으니 화합을 알아 화합하기만 하고 예(제도)로써 절제하지 않는 것은 역시 행해서는 안 된다."(有子曰, 禮之用, 和爲貴. 先王之道, 斯爲美, 小大由之. 有所不行, 知和而和, 不以禮節之, 亦不可行也.)(「학이」)

공자가 아니라 유약의 언급이지만, 예가 원래 사회 성원의 화합을 추구하는 것임을 잘 보여준다. 물론 앞에서 말한 신분이나 지위에 따른 구분에 대한 언급도 있지만, 예의 원래의 기능이 화합임을 밝힌 것이다. 이해를 돕기 위해서 '제사(祭祀)'라고 칭해지는 제례(祭禮)를 살펴보자. 갑돌이라는 사람에 대한 제사를 모시는 이는 당연히 갑돌이의 자손들일 것이다. 이들은 갑돌이로 인해서 형성된 혈연집단, 즉 가족이다. 각기 흩어져 살던 이들 가족은 갑돌이의 제사를 계기로 모여 조상인 갑돌이를 추모할 뿐 아니라, 서로 안부를 묻고 음식을 나누며 가족으로서의 정을 돈독히 할 것이다. 이처럼 제례는 단순히 죽은 이를 추모하는 것만이 아니라 제사에 참여하는 사람들 사이의 관계를 증진시키고 그 공동체의 안녕을 기원하는 성격을 갖는다. 제례의 이러한 성격이 잘 드러나는 것이 축제(祝祭)이다. 여기에서의 '축'은 축하한다는 의미만이 아니라 축원, 무언가를 기원한다는 의미도 갖는다. 따라서 축제란 무언가를 기원하는 제례이다. 대학의 축제를 예로 들어보자. 어떤 학교에서 축제를 개최한다면, 그 기간에 학생들은 학업을 잠시 멈추고 축제를 즐긴다. 술도 마시고 노래도 부르고 춤도 출 것이다. 이러한 축제의 행태에 대한 비판도 있지만, 이에 대한 대부분의 비판은 축제의 본래 의미를 모르기 때문에 제기되는 것이다. 술, 노래, 춤을 통해서 학교 구성원들 사이의 서먹함은 줄어들 것이고, 그들 사이의 화합은 더욱 용이해질 것이다.

인과 예가 어우러진 군자

앞에서 검토해온 것처럼 예는 다양한 모습과 성격을 갖는데, 그것이 갖는 인과의 밀접성도 살펴볼 필요가 있다.

안연이 인이 무엇인가를 묻자 선생님께서 말씀하셨다. "자신을 극복하고 예를 회복하는 것이 인이다. 하루 동안 자신을 극복하고 예를 회복하면 천하 사람들이 인해질 것이다. 인이 나로부터 하는 것이지 다른 사람으로부터 하는 것이겠는가?"

안연이 말했다. "그 세부 항목을 여쭙겠습니다." 선생님께서 말씀하셨다. "예가 아니면 보지 말고, 예가 아니면 듣지 말고, 예가 아니면 말하지 말고, 예가 아니면 움직이지 말아야 한다." 안연이 말했다. "제가 비록 불민하지만 이 말씀을 일삼고자 합니다."(顏淵問仁. 子曰, 克己復禮爲仁. 一日克己復禮, 天下歸仁焉. 爲仁由己, 而由人乎哉. 顏淵曰, 請問其目. 子曰, 非禮勿視, 非禮勿聽, 非禮勿言, 非禮勿動. 顏淵曰, 回雖不敏, 請事斯語矣.)(「안연」)

여기에서 인이 무엇인가를 묻는 안회의 질문에 대해서 공자는 자신의 사적인 욕망이나 감정을 극복하고[克己] 예에 맞게 행동하는 것[復禮]이라고 답한다. 사람다움, 사람의 씨앗, 사람 사랑을 의미하는 인을 예의 실행을 통해서 이룰 수 있다는 것이다. 이에 대해서는 하나의 사례를 가지고 설명하는 게 좋을 것 같다. 벗과 함께 식당에 가서 식사를 하는데, 두 사람 모두가 좋아하는 반찬이 나왔다고 하자. 내 욕심대로 행동한다면 그 반찬을 혼자 다 먹을 것이다. 하지만 나는 내 욕심을 극복하고 벗으로서의 예의를 갖춰 함께 나눠먹는다. 그때 내 마음에는 어떤 감정이 발현될까? 혼자 먹지 못함에 대한 아쉬움? 그럴 수도 있을 것이다. 하지만 대부분 내 벗을 배려하고 사랑하는 마음, 즉 인이 발현될 것이다. 이처럼 예와 인은 밀접히 연관되며, 따라서 공자는 예를 준수함으로써 인을 실현하는 세부적 방도를 제시한다. 예에 맞지 않으면 보지도 듣지도 말하지도 행동하지도 말아야 한다고 말이다.

공자는 이러한 인과 예의 관계를 앞에서 다룬 "바탕과 꾸밈이 아름답게 어우러진 다음에야 군자이다"라는 언급을 통해서 표현했다. 여기에서의 '바탕'은 '인'이고, '꾸밈'은 '예'이다. 인을 바탕을 바탕으로 삼고 예를 꾸밈으로 삼아 인과 예가 아름답게 어우러진 사람이 이상적인 인간인 군자인 것이다. 공자에게 지배층다운 도덕성을 갖춘 군자는 내면에 '사람 사랑'을 품고 있으면서 그것을 적절한 예로써 표현해내는 인격체라고 할 수 있다.

군자의 모습

『논어』에는 이러한 군자가 어떠한 모습을 띠는가에 대한 언급이 많은데, 그 가운데 대표적인 몇 가지를 살펴보도록 하자.

선생님께서 말씀하셨다. "군자는 말을 어눌하게 하고 행동을 민첩하게 하고자 한다."(子曰, 君子欲訥於言而敏於行.)(「이인」)

우리는 말만 앞세우고 그것을 실천하지 못하는 잘못을 저지르곤 한다. 이러한 잘못을 방지하는 방법 가운데 하나가 일부러 말을 쉽게 내뱉지 않는 것이다. 공자는 말을 잘하는 것을 그리 좋게 평가하지 않았다. 누군가가 제자 염옹이 인하기는 한데 말재주가 없다고 비판하자, "어찌 말재주를 쓰겠는가? 말재주를 가지고 다른 사람을 제어하면 사람들의 증오가 쌓이게 된다"(或曰, 雍也仁而不佞. 子曰, 焉用佞. 禦人以口給, 屢憎於人. —「공야장」)고 하여 말재주가 긍정적 덕목일 수 없다고 한다. 심지어는 "말을 교묘하게 하고 얼굴 표정을 보기 좋게 꾸미는 자 가운데 인한 이가 드물 것이다"(巧言令色, 鮮矣仁. —「학이」)라고 하여 말을 번지르르하게 꾸미는 자에 대한 불신을 대놓고 드러내기도 했다. 군자는 말이 아니라 행동으로 보여주는 사람이다.

또한 군자는 나와 다른 입장을 가진 이와 조화를 이룰 수 있는 존재이다.

> 선생님께서 말씀하셨다. "군자는 화합하지만 같아지지 않고, 소인은 같아지지만 화합하지 않는다."(子曰, 君子和而不同, 小人同而不和.)(「자로」)

이 장에서 독자의 궁금증을 자극하는 용어는 아마도 '화'

와 '동'일 것이다. 화합, 조화 등으로 해석되는 '화'와 같다, 같아진다 등으로 해석되는 '동'은 보통 유사한 의미로 사용된다. "화합하여 하나가 되자" 등 일상에서 흔하게 접할 수 있는 표현이 그 사례일 것이다. 그런데 이 장에서 이 둘은 반대의 의미로 사용되었다.

원래 '화'는 다름을 전제하는데, 음악이 화의 이러한 측면을 설명하는 데 가장 적절한 사례가 될 것이다. 음악에서는 다양한 음이 사용된다. 서양에서는 도레미파솔라시라는 일곱 개의 음이, 그리고 우리 전통음악에서는 궁상각치우라는 다섯 개의 음이 사용된다. 이들 각 음은 제 높이를 유지하면서도 다른 음들과 어우러져 아름다운 음악을 만들어낸다. 그리고 관현악단의 경우에는 다양한 현악기, 관악기, 타악기가 자신의 독특한 음색을 유지하면서도 다른 악기들과 잘 어우러져 우리를 감동시킨다. 이러한 조화는 영어로는 '하모니(harmony)'라고 표현되며, 그래서인지 관현악단의 명칭에는 '사랑', '애호'를 뜻하는 '필(phil)'과 '하모니'가 결합된 '필하모니(phil-harmoy)'가 유난히 많다. 이처럼 화란 서로 다른 것들 사이의 조화를 뜻하며, 사회적으로는 각기 다른 지위, 취향, 시선을 갖는 사람들끼리의 조화를 의미한다.

반면, '동'은 같다는 의미인데, 이 장에서는 '같아짐'을 뜻한다. 사실 모든 사람은 다르다. 물론 사람이라는 공통점을 갖고는 있지만, 성별, 피부색, 국적, 취향, 사회적 지위, 직업 등 모든 게 같은 사람을 찾는다는 것은 불가능에 가깝다. 따라서 이렇게 다른 사람들이 '같아지기' 위해서는 작위가 필요하다. 그리고 그러한 작위는 대체로 강압이나 이익을 매개로 이뤄진다. 많은 힘과 돈을 가진 권력자가 '다른' 사람들을 자신과 '같아지'도록 강제하고, 그처럼 같아지는 이에게만 이익을 준다. 그런데도 여전히 자신의 '다름'을 견지하여 같아지기를 거부하는 사람은 이미 권력자와 같아진 사람들에 의해 배척되며, 심지어 처벌되기도 한다. 공자가 보았을 때 소인들은 쉽게 같아진다. 자신의 안녕과 이익을 위해 자신의 생각을 쉽게 포기하며, 나아가 나와 다르게 생각하는 사람과 조화를 이루지 못하고 그들을 배척한다.

이에 반해서 공자가 말하는 군자는 나의 생각을 유지하면서도 나와 다른 생각을 가진 사람을 쉽사리 '틀렸다'고 배척하지 않고 그와 조화를 이루는 자이다. 물론 자신과 다른 생각을 가진 사람과의 논의 과정에서 다툼도 발생하고 언성도 높아질 것이다. 그렇다고 해서 상대를 배척하지 않고, 그를 대화 상대로 여겨서 끈질기게 논의한다. 이러한 과정 속에서 사회가 어떻게 운영되어야 옳은지를 함께 고민하고 합의점을 찾아나간다.

우리는 이러한 군자의 모습에서 현대 사회가 추구하는 민주주의의 일면을 발견한다. 다양한 입장과 생각을 가진 사람들이 사회의 주인으로서 역할을 하는 민주주의 사회에서 다양성에 대한 인정과 사회 운영을 위한 협의는 필수적인 것이다. 물론 어떤 이는 이런 방식의 협의를, 하나의 강력한 독재자에 의해 작위적으로 하나가 되어 나아가는 방식에 비해, 비효율적인 것으로 치부하기도 한다. 하지만 이 과정에서 모든 사람이 사회의 주인으로서 역할을 하게 되고, 그러한 협의 과정을 거친 결론은 그에 들인 노력과 시간만큼 강력한 것이 된다.

2,500여 년 전의 공자가 말한 '군자'의 모습에서 현대의 민주주의적 태도를 엿볼 수 있는 것이다.

3장

철학의 이정표

첫 번째 이정표

『묵자』(전2권)
김학주 역저, 명문당, 2003

공자의 비판자, 묵적

『묵자(墨子)』의 저자인 묵자(이름은 적(翟))는 공자 사후 약 10년
이 지난 후에 태어났다. 춘추시대 말기와 전국시대 초기에 활동
했던 그는 공자 등 다른 사상가들과 마찬가지로 당시의 혼란을
종식하기 위한 사상을 펼쳤다. 공자와 같은 노나라 출신이었던
그는 공자의 사상을 잘 이해하고 있었으며, 자신의 사상을 펼치
는 데 공자의 '인간 사랑(仁)', '옳음(義)'이라는 핵심 용어를 사용
하기도 한다. 다만 그가 말하는 인간 사랑과 옳음은 내용에서
공자의 그것과 차이가 있었다. 예컨대 그는 노동하는 민중이 헐
벗고, 굶주리고, 쉬지 못하는 당시 사회를 불의(不義)하다고 비판
하여, 그들이 노동의 성과를 누리는 사회가 옳음(義)을 주장했다.
이러한 옳음에 대한 입장은 사적 이익(利)의 반대 의미인 공자의 옳음과는 구분되는 것이었다. 이처럼 그는 동시대의 혼란한 사회에서 고통받는 기층 민중의 물질적 삶에 관심을 집중했다.

이러한 입장에 선 그와 그의 학파[墨家]는 기층 민중을 가장 괴롭히는 것으로서 전쟁을 꼽으며, 전쟁을 방지하고 전쟁으로 인한 민중의 피해를 막기 위해서 스스로 전쟁에 참여하기도 한다. 한편 이러한 전쟁의 원인으로서 사람 사이의 다툼을 야기하는 차별적인 사랑[別愛]을 지목하는데, 여기에는 '효(孝)'라는 가족 사랑에서 출발하는 유가의 '인간 사랑'에 대한 비판이 담겨 있다. 자기 가족을 우선시하는 사랑은 가족과 가족 이외의 사람들을 차별하는 것으로서, 이러한 차별적인 사랑이 사람 간 다툼의 원인이 된다는 것이다. 따라서 그는 내 가족과 타인의 가족을 구분하지 말고 사랑할 것, 즉 겸애(兼愛)를 대안으로 제시한다. 그는 이외에도 기층 민중의 삶을 힘들게 하는 공자의 예(禮), 음악[樂], 상례[喪] 등에 대해 비판한다.

『묵자』에 나타나는 공자 사상에 대한 비판은 상당한 타당성을 가진다. 특히 배타적 가족주의가 존속하여 사회적 폐해로 작동하는 현실에서 볼 때 묵자의 비판은 설득력이 있다. 물론 대안으로 제시한 '겸애'가 얼마나 실현 가능한가는 의문이지만 말이다. 『논어』를 읽는 이가 공자에 대한 비판이 담긴 책을 읽어보는 것도 의미가 있을 것이다.

두 번째 이정표

『맹자』
박경환 옮김, 홍익출판사, 2023

공자의 계승자, 맹가

『맹자(孟子)』는 맹자(이름은 가(軻))와 그 제자들의 언행을 기록한 책으로서, 『논어』와 마찬가지로 주로 대화체로 이루어져 있다. 맹자는 "인간이 생겨난 이래로 공자 같은 분은 없었다."라고 할 정도로 공자를 숭상했고, 공자의 사상을 실현하는 것을 필생의 업으로 삼았다. 하지만 맹자가 살던 시대에는 공자 당시와는 달리 이미 묵자(墨子), 양주(楊朱), 상앙(商鞅) 등 많은 사상가가 출현하여 세력을 형성하고 있었다. 따라서 맹자는 많은 논적을 상대해야 했으며, 그래서인지 주로 단답형으로 이루어진 『논어』와는 달리 『맹자』에서의 문답은 장황하게 전개된다.

맹자는 공자의 사상을 '인간 사랑(仁)', 즉 지배층이 가져야 할 심성을 중심으로 받아들인다. 그는 전국시대라는 당시의 혼란상을 백성을 사랑하는 군주가 등장하여 중국을 통일함으로써 종식할 수 있다고 생각했다. 이처럼 백성을 사랑하는 것이 왕이 가야 할 길[왕도(王道)]이며, 그 길을 실현하는 정치가 '왕도정치'이다. 그리고 모든 사람이 선한 본성을 가졌다는 '성선설(性善說)'을 주장함으로써 이러한 왕도정치의 가능성을 열어놓았다. 모든 사람이 선한 본성을 가졌고, 현실에서의 임금들도 선한 본성을 가졌기 때문에, 선한 본성을 실현하는 왕도정치의 실현은 대단히 쉽다는 것이다. 그리고 구체적으로 어떻게 왕도정치를 실현할 것인가를 설명하고 있다. 이렇게 본다면, 『맹자』는 왕도정치 교과서라고 할 수 있다.

이처럼 도덕적 지배층이 이끄는 도덕적 국가 사회라는 공자의 꿈을 실현하려는 맹자의 노력을 잘 보여주는 『맹자』라는 책에는 다른 매력도 있다. 조선의 선비들은 『논어』 『맹자』 『대학』 『중용』이라는 '사서(四書)'를 항상 곁에 두고 읽었는데, 『맹자』는 특히 무더운 여름에 즐겨 읽었다고 한다. 『맹자』에 실린 맹자의 명쾌한 논의를 보고서 무더위로 인한 짜증을 날려버렸던 것이다. 공자의 계승자로서의 맹자의 사상만이 아니라, 권력자 앞에서도 기죽지 않고 직언을 하는 시원한 맹자의 모습도 볼 수 있는 책이다.

공자의 계승자, 순황

『순자(荀子)』는 순자(이름은 황(況))가 지은 책이다. 순자는 맹자와 마찬가지로 공자의 사상을 이어받았지만, 맹자와는 사뭇 다른 사상을 전개했다. 그는 '성선설'을 주장한 맹자와는 달리 인간의 본성이 악하다는 '성악설(性惡說)'을 주장했다. 그는 사람은 나면서부터 이익을 좋아하는 본성이 있다고 한다. 사실 이익을 좋아한다고 해서 그 자체로 악하다고 할 수는 없다. 하지만 순자는 이러한 이익을 좋아하는 본성을 방치할 경우에 발생하는 문제에 주목한다. 이익만 좇다 보면 다툼이 생기고 예의범절 따위는 무시하게 된다는 것이다. 도덕적인 사회를 추구하는 공자의 후예로서 이러한 상황을 용납할 수 없었으며, 따라서 순자는 본성을 인위적으로 제어해야 한다고 주장한다. 요컨대, 사람의 본성은 악하며, 사람 사회에서의 선이란 인위[僞]에 의해서만 가능하다. 그가 보기에 맹자의 성선설은 '인위'와 '본성'을 제대로 구분하지 못한 것이다.

그리고 이러한 인위는 사람과 동물을 구분하는 척도이다. 배고프면 먹고 싶은 것이 사람과 동물 모두가 공유하는 본성이지만, 사람만은 이러한 본성을 제어하는 인위를 갖는다. 그리고 그 인위의 대표적인 것이 '예(禮)'이다. 맹자가 공자 사상을 '인'을 중심으로 받아들였다면, 순자는 '예'를 중심으로 받아들인 것이다. 다만 주공(周公)이 제정했다는 주례(周禮)를 회복하고자 한 공자의 복고적 성격은 순자의 사상에서 나타나지 않는다. 그는 주례와 같은 과거의 제도로는 현재의 문제를 해결할 수 없다고 하여 현실에 맞는 제도로서의 '예'를 제정할 것을 강조한다.

이러한 인간의 이기성에 대한 주목과 외적인 제도로서의 예에 대한 강조는 그의 제자인 한비자(韓非子)에 의해 법가(法家) 사상을 체계화하는 데 활용된다. 그리고 공자의 사상을 계승했으면서도 맹자와는 다른 길을 간 순자의 사상은 성리학이 맹자의 사상을 계승한 이후에는 유가적 정통(正統)에서 완전히 배제된다.

『한비자』(전2권)
한비, 이운구 옮김, 한길사, 2002

유가의 강력한 적, 법가 사상가 한비

『한비자(韓非子)』는 전국시대의 법가(法家) 사상가인 한비자(이름은 비(非))가 지은 책이다. 진나라가 중국을 통일하기 이전에 진시황은 한비자의 글을 보고서 저자를 만나기 위해 전쟁을 벌였을 정도로 그의 사상에 매료되었는데, 그 글이 지금도 『한비자』에 실려 있는 「고분(孤憤)」('고독한 울분'이라는 의미)과 「오두(五蠹)」('나라를 좀먹는 다섯 가지 좀벌레'라는 의미)이다. 이 전쟁으로 인해서 한비자는 진시황을 만나지만 기용되지는 않았고, 그의 동문인 이사(李斯)의 농간으로 죽게 된다.

한비자가 보기에, 전국시대라는 혼란기를 끝낼 방법은 강력한 군주에 의한 통치에 있었다. 우선 그는 스승인 순자(荀子)의 사상을 받아들여 인간의 이기성을 극단적으로 부각한다. 부모와 자식이라는 가장 원초적인 관계도 이기성 때문에 얼마든지 깨질 수 있다는 것이다. 따라서 국가를 책임지는 군주는 공자가 말하는 '사람 사랑'이 아니라 인간의 이기성을 활용하여 통치해야 한다. 백성들을 상(賞)이라는 이익으로 유인하여 군주에게 이익이 되는 행위를 하도록 하고, 벌(罰)이라는 손해로 겁박함으로써 군주에게 손해를 끼치지 못하도록 해야 한다. 그리고 지배층에게도 피지배층과 동일한 법을 적용하여 그들이 갖고 있던 특권을 박탈해야 한다. 그렇게 함으로써 왕과 이익을 다툴 정도로 힘을 가진 지배층을 제어할 수 있다는 것이다. 더 나아가 왕에게 위협이 될 수 있는 지배층들은 음모적인 정치술로 통제하고, 여의치 않으면 제거해야 한다.

이처럼 상과 벌, 법의 무차별적 적용, 정치술 등을 통해서 군주의 권위를 공고히 해야 한다는 한비자의 입장에서, 유가는 국가나 군주에게 손해만 끼치는 좀벌레와 같은 존재일 뿐이었다. 그리고 한비자가 보기에, 지배층이 도덕적으로 무장하여 국가를 운영해야 한다는 공자의 사상에는 모순(矛盾)이 있다. 국가 운영은 공적인 것이고 지배층 개개인의 도덕성은 사적인 것으로서, 이 둘은 서로 양립할 수 없다는 것이다. 즉 국가 운영이라는 공적인 것을 개인의 도덕성이라는 사적인 것에 맡길 수 없다는 것이다. 따라서 국가 운영이라는 공적인 것은 법이라는 공적인 것에 의해 운영되어야 한다고 주장한다.

이러한 한비자의 사상은 진나라의 통일 이후에 실현되며, 유학에 대한 그의 반감은 '분서갱유(焚書坑儒)'라는 사건으로 표출되어 유학에 치명적인 상처를 입힌다. 그리고 한나라가 유학을 지배 이념으로 삼은 이후에도 한비자의 사상은 제왕들의 현실 정치에서 그 명맥을 이어나간다.

『논어집주』
성백효 역주, 전통문화연구회, 2010

『논어』에 대한 정통적 해석

『논어집주』는 중국 송(宋)나라의 주희(朱熹)가 『논어』의 각
구절에 대한 기존의 주석 가운데 주목할 만한 것을 소개하고
자신의 견해를 주석으로 남긴 책으로서, 『맹자』『대학』『중용』
에 관한 해석과 함께 '사서집주(四書集註)'라고 칭해진다. 주희는
성리학을 완성한 사상가이며, 성리학은 조선의 지배 이념이었
다. 따라서 조선의 선비들에게 주희는 공자 못지않은 절대적인
권위를 지닌 인물이었고, 그의 '사서집주'는 글자 하나 수정해
서는 안 되는 경전이었다. 즉 『논어』를 비롯한 사서에 대한 주
희의 해석은 '정통(正統)'의 것으로 평가되었다. 따라서 주희의
사상, 그리고 조선의 성리학을 이해하기 위해서는 반드시 읽어
야 할 책이다.

뿐만 아니라 『논어』를 읽는 데 『논어집주』는 많은 도움을 준다. 『논어』에는 수많은 인물이 다양한 상황에서 등장한다. 어떤 인물은 공자나 제자와 대화를 나누며, 다른 어떤 인물은 공자와 제자들의 평가 대상이 되기도 한다. 그런데 등장인물에 대한 정보가 『논어』에 나오는 경우는 매우 드물다. 따라서 어떤 맥락에서 공자의 언행이 이뤄지는지를, 즉 공자가 어째서 저러한 언행을 하는지를 알 수 없는 경우가 많다. 등장인물에 대한 설명 없이는 『논어』의 내용을 이해하기 힘든 것이다. 예컨대, '남자(南子)'라는 인물을 만난 공자에게 제자인 자로가 화를 내자, 공자가 군색한 변명을 하는 구절이 있다. 여기에서 자로의 분노와 공자의 변명을 이해하기 위해서는 '남자'가 어떤 인물인가를 알아야 하는데, 『논어』에는 그에 대한 설명이 없다. 이에 주희는 남자가 위(衛)나라 군주의 아내로서 음행(淫行)이 있었다고 설명함으로써 우리의 이해를 돕는다. 이처럼 인물에 대한 설명만이 아니라, 용어, 제도, 전체 맥락에 대한 설명을 제공함으로써 우리가 『논어』를 읽는 데 도움을 준다. 따라서 혼자서 『논어』를 읽는다면, 주희의 『논어집주』를 참고할 것을 추천한다.

다만 『논어』에 대한 주희의 해석만이 옳은 것이 아님을 유념할 필요가 있다. 주희는 자신이 이해한 공자를 우리에게 소개한 것이다. 그의 공자 이해는 공자에 대한 다양한 이해 가운데 하나일 뿐이다. 물론 처음 공자를 만난다면 우선은 그의 소개에 의존하는 것도 나쁘지는 않을 것이다.

생애 연보

BC 551년   아버지 숙량흘(叔梁紇)과 어머니 안(顔)씨 사이에서 노(魯)나라 창평향(昌平鄕) 추읍(陬邑)에서 태어나다.

BC 549년   아버지 사망하다.

BC 533년   기관(亓官)씨의 딸을 아내로 맞이하다.(슬하에 아들 리(鯉)와 딸 하나를 두다.)

BC 517년   노나라에 난리가 나자 제(齊)나라로 가다.

BC 516년   제나라에서 '소(韶)' 음악에 심취하다.

BC 515년   노나라로 돌아오다.

BC 501년   중도재(中都宰)가 되다.

BC 500년   사공(司空)을 거쳐, 대사구(大司寇)로 승진하여 재상의 직무를 대리하다. 노나라 제후를 보좌하여 제나라 제후와의 협곡(夾谷) 회맹에 참여하다.

BC 497년   현실 정치 투쟁에서 밀려 노나라를 떠나다.('주유천하' 시작)

BC 489년   진나라와 채나라 사이에서 곤경에 빠지다.

BC 484년   노나라로 귀국하다('주유천하' 끝내다). 이후에는 현

실 정치에 대한 뜻을 접고, 학문과 제자 양성에
몰두하다.

BC 479년   일흔둘의 나이에 사망하다.

참고 문헌

『묵자』

『맹자』

『한비자』

『사기』

『논어집주』

屈萬里,『古籍導讀』, 臺灣開明書店, 民國53(1964).

김교빈·이현구,『동양철학에세이』 1, 동녘, 1993.

김교빈 지음, 이부록 그림,『동양철학에세이』 2, 동녘, 2014.

루쉰, 김시준 옮김,『루쉰 소설전집』, 을유문화사, 2008.

송영배 편저,『제자백가의 사상』, 현음사, 1994.

안핑 친, 김기협 옮김, 이광호 감수,『공자 평전―권위와 신화의
　　　　옷을 벗은 인간 공자를 찾아서』, 돌베개, 2010.

전호근,『사람의 씨앗』, 메멘토, 2021.

존 로크, 강정인·문지영 옮김,『통치론』, 까치, 1996.

EBS 오늘 읽는 클래식
논어

1판 1쇄 발행 2023년 9월 25일

지은이 구태환

펴낸이 김유열
편성센터장 김광호 | 지식콘텐츠부장 오정호
단행본출판팀 | 기획 장효순, 최재진, 서정희 | 마케팅 최은영 | 제작 정봉식
북매니저 윤정아, 이민애, 정지현, 경영선

책임편집 장윤호 | 디자인 정계수 | 일러스트 최광렬 | 인쇄 애드그린인쇄

펴낸곳 한국교육방송공사(EBS)
출판신고 2001년 1월 8일 제2017-000193호
주소 경기도 고양시 일산동구 한류월드로 281
대표전화 1588-1580 | 홈페이지 www.ebs.co.kr
이메일 ebsbooks@ebs.co.kr

ISBN 978-89-547-7850-3 04100
　　　978-89-547-6188-8 (세트)

ⓒ 2023, 구태환